JN281239

さらば、哀しみの青春

著 水谷 修
Mizutani Osamu

伝えたい。闇に沈む子どもたちの哀しみを・・・

高文研

はじめに

私が、子どもたちから「夜回り」と呼ばれる、夜の繁華街《はんかがい》での子どもたちへの声かけを始めて、ちょうど一一年が過ぎました。この一一年間を振り返って、一つ気づくことがあります。それは子どもたちの目が年を追うにつれ、どんどん輝きを失ってきていることです。

みなさんもぜひ街に出て、今どきの子どもたちを見つめてください。派手《はで》な服装で繁華街のいたるところでたむろしています。彼らのたむろしている場所を見つけることはとても簡単です。彼らのたむろする場所には、吸い殻《がら》や空き缶、ガムや唾《つば》を吐いた跡があるからです。

そして、彼らを見つけたら、彼らの目を見つめてください。そこできっとみなさんは戦慄《せんりつ》することと思います。そこでみなさんが見つけるのは、明日を夢み、青春の輝きを宿した生き生きとした目ではなく、疲れ果てた虚《うつ》ろなまなざしか、何かびくびくした攻撃的なまなざしです。いったい何が、私たちにとってかけがえのない多くの子どもたちをこのような姿にしてしまったのでしょうか。

子どもたち自身を責めることは簡単です。しかし子どもたちは、そのように育てられてしまった被害者と言うことはできないでしょうか。私はそう考えています。

子どもたちは素直です。私たちの社会の抱える問題を、素直にそのまま映し込み成長していきます。哀しいことですが、子どもたちのこの状態は、まさに病んでいる私たちの社会を映し出しているのではないでしょうか。

私はこの一一年間、さまざまな非行や犯罪を犯した子どもたちや薬物の魔の手に捕らえられた子どもたちとともに生きてきました。彼らは、私のことを「闇の教員」と呼んでいます。それは、私が夜間高校の教員であるという理由より、むしろ、主に「夜の世界」で彼らと触れ合っているからそう呼ばれているようです。私の住む「夜の世界」は、偽《いつわ》りと悪、そして嘘《うそ》と不正に満ちた哀しい世界です。しかし、現在、多くの子どもたちが、この「夜の世界」に侵入してきています。そして、「夜の世界」の大人たちによって汚され、利用され、傷つけられています。私はそのような中、一人でも多くの子どもたちが、一日も早く「夜の世界」での「哀しみの青春」から抜け出し、太陽の下での明るい人生に戻れるよう、彼らの側に立ってきました。しかし、数多くの子どもたちを薬物によって失い、また、数多くの子どもたちを刑務所や少年院という檻《おり》の中に失いました。私にとってこの一一年は、哀しみの一一年でした。喜びなどほとんどない、哀しみの日々でした。

このところ、少年たちによる暴行致死《ちし》事件や強盗傷害事件、バイクによる引ったくり事件など、枚挙《まいきょ》にいとまがないほど、日本各地で少年・少女たちによる凶悪犯罪が発生しています。哀しいことですが、新聞を広げてみても、少年たちによる犯罪の報道のない日は、ほとんどありません。

そのような中で、マスコミをはじめ多くの大人たちは、事件が起きるたびに、「今の子どもたちは……」と驚き、そしておののき、その背景に目を向けようとはせず、ただ、少年法の改正・教育基本法の改正などの管理主義の強化で対応しようとしています。

また、埼玉県をはじめ、一部の地方自治体では、学校の職員として、特に生徒指導の一端《いったん》を担《にな》う職員として、警察官ＯＢを採用しようとする動きがあります。確かに、少年に対する法律を変え、教育システムを変えていくことも必要なことかもしれません。しかしその前に、私たち一人ひとりがやらなければならないことが、できることがあるのではないでしょうか。

私は今までの教員生活を、常に子どもたちの側に立って生きようと努力してきました。子どもたちを育て、子どもたちの明日を拓《ひら》くのは私たち大人であり、大人たちが作った社会です。この意味では、許すことのできない犯罪を犯してしまった少年も被害者です。彼らをきちんと育てることのできなかった社会、そこにいたる前に何らかの手を差し伸べることのできなかった私たち大人こそ、加害者なのではないでしょうか。この現状を変えず、言い換えれば、大人自身が、大人の作った社会が変わらずに、ただ子どもたちにのみ変わることを求めることは、私には非常に許し難《がた》い責任転嫁《せきにんてんか》に思えます。

どうぞ、何かの花の種を春に蒔《ま》いてみてください。もし、私たちが大切に育てれば、どの花の種も時期が来れば、美しい花を咲かせるでしょう。私は子どもたちも花の種だと考えています。親が、教員が、地域の大人が、マスコミまで含めた社会全体が、いとおしんで大切に育てれば、必ずいつの日にか美しい花を咲かせるでしょう。もしも、花が咲かず、枯れてしまったり、あるいは芽すら出なかったとしたならば、それは、育てるべき大人たちが、慈《いつく》しまなかったか、踏みにじったかです。

子どもたちはとても敏感なセンサーです。彼らは、私たち大人が失ってしまった繊《せん》細《さい》な感性で、私たちの社会の矛《む》盾《じゅん》を感じ取ります。彼らの感性はあまりに直線的です。私たち大人ほど心がこなれていませんから、本音《ほんね》と建て前を感じ分けたり、さまざまな矛盾を包容《ほうよう》しながら総合的に判断することが苦手です。私たち大人や社会の、ほんのちょっとした矛盾に傷つき、そして私たちに不信を抱き、反抗していきます。そして今、私たち大人は、あまりにも子どもたちに近づこうとしていません。子どもたちが悩み苦しんだときに、ただ頭ごなしではなく、子どもたちとともに悩み苦しみながら解決をめざして生きようとする大人は、あまりにも少ないのが現状です。

また、子どもたちは、私たちの社会の今を映す鏡です。彼らの社会性や判断力は未熟ですから、多くの子どもたちは物事を深く考えず、ただ社会の表面だけを、彼らの周りにあふれるテレビや雑誌あるいは友人からの情報などで判断し、それに染められていきます。今、私たちの社会は、なにか遊び中心の、楽しみだけを求めるものになっているような気がします。しかし、大人の場合は、夜、馬鹿をやって遊んでいるとしても、昼にはまじめに働く姿が多くの場合あるのですが、多くの子どもたちは、日々を少しでも楽しいことをただ求めて生きているように見えます。私たちの社会が抱える表面の浅薄《せんぱく》さが、子どもたちの日々の生き方に凝縮《ぎようしゆく》されています。

人間にとってもっとも大切な優しさや思いやりなどの心は、決して知識では育ちませんし、独《ひと》りでに芽生《めば》え育っていくものでもありません。優しさや思いやりを直《じか》に感じ、その中で生きて初めて芽生え、育つものです。子どもに、優しさや思いやりを求めるのならば、まずは、私たち大人自身が、また私たちの社会自体が、それをそなえていることが必要です。そして、子どもたちのよき先輩としてともに喜び、時には哀しみ、時には苦しみ、時には幸せになって、彼らとともに生きていくことが必要です。いったいこのような大人が、どのぐらい存在するのでしょうか。

今、私たちは、また私たちの社会は、きちんと子どもたちを育てているのでしょうか。犯罪を犯した子どもや非行に走った子どもを批判することはたやすいことです。しかし、何が彼らをその道へと導いたのでしょうか。

私はこの本を、多くの「夜の世界」に興味・関心を持つ子どもたちのために書きました。一人でも多くの子どもたちが、この本を通して「夜の世界」の真の姿と、そこに横たわる「哀しみの青春」を知り、その世界に足を踏み入れないでくれれば幸いです。

また、私はこの本を、「夜の世界」の子どもたちのことをまったく知らないままに、彼らを恐れ、批判し、疎外《そがい》する大人たちのために書きました。一人でも多くの心ある大人がこの本を通して、「夜の世界」で生きざるを得ない、また「夜の世界」へと押しやられてしまった子どもたちの哀しみを知ってくれれば、そして、「夜の世界」で子どもたちの側に立ってくれれば、こんなにうれしいことはありません。

◇——もくじ

第Ⅰ部　哀しみの中の青春

第II部　なぜ、子どもたちは哀しみの青春を…

第III部　さらば、哀しみの青春

章扉挿し絵・喜早　洋介
装丁＝商業デザインセンター・松田　礼一

第 I 部

哀しみの中の青春

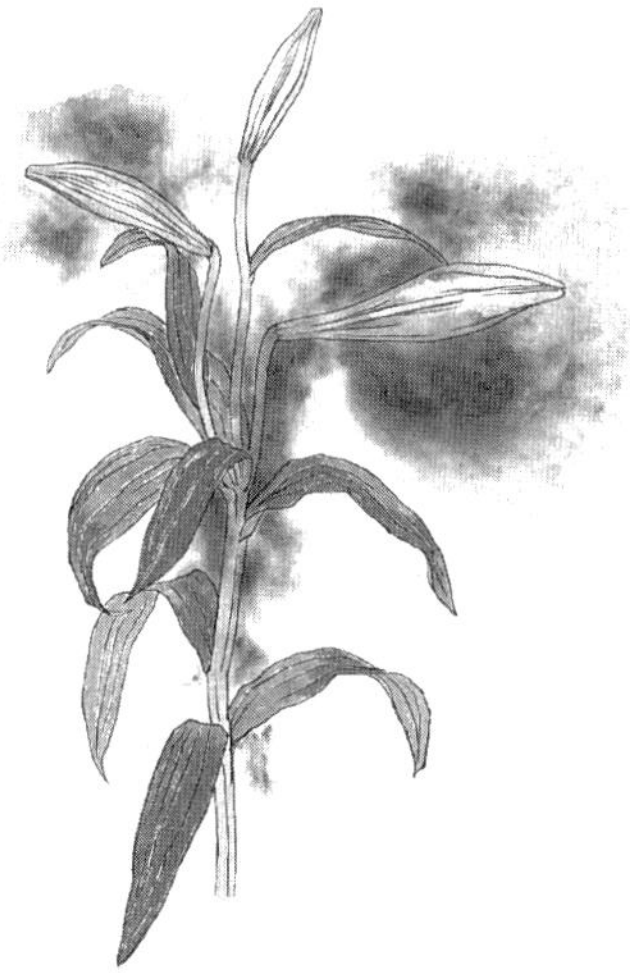

これから書いていく一一人の子どもたちの哀しみのいくつかは、すでに私の著書『ドラッグ世代——第五次薬物汚染期の若者たち』(太陽企画出版、一九九八年)、『さらば、哀しみのドラッグ』(高文研、一九九八年)の中で書いた子どもたちです。しかし、この本のなかで、多くの子どもたちが直面し、沈み込んでいる哀しみを、きちんと語るためには欠かすことのできない哀しみでした。そのため、あえて再度書きました。また、彼らの今を語り継ぎたいために書いた子もいます。

私はこの一一年間で、四〇〇〇人を超える、非行少年、薬物を乱用した少年、またその家族とともに生きてきました。それは決して喜びの多いものではありませんでした。確かに、この四〇〇〇人の中の多くの子どもたちは、私や私の友人たち、私の生徒たち（私は、私の関わった子すべてを「生徒」と呼んでいます）とのふれあいの中で、自分を見つめ直し、新たな生き方を始めてくれました。

しかし、だからと言って、彼らが決して幸せになったとは言い切れません。彼らの多くは、彼らに対する社会の偏見や、自らが犯してしまった罪の重さに日々打ちのめされながら、それでも必死に日々を刻《きざ》んでいます。また、私が関わった子で、薬物を乱用しその魔の手に一度でも捕《とら》えられた一〇〇〇人を超える子どもたちは、自らの脳や体にさまざまな障害を抱え、常に薬物への強い渇望感《かつぼうかん》に襲われながら、「今日一日、今日一日を薬物なしに過ごす」、これを自らに言い聞かせ、私とともに日々生きています。彼らに「薬物からの卒業」ということばはほとんど存在しません。一生を、薬物と戦い続けなければなりません。

私はこの一一年間、いつも、非行・犯罪を犯す子どもたちは、社会の被害者であるという立場で、そのような子どもたちに寄り添って生きてきました。もしも、私がこの想いを持っていなかったなら、私はとっくの昔に夜の街の路上で、冷たい体になっていたと思います。夜の街では、私の多くの子どもたちが、中には哀しいことに、暴力団の構成員をしている者もいますが、自分の体を張って私を守ってくれています。もし私が、社会の多くの大人のように、非行・犯罪を犯した子どもたちや夜の街をさまよう子どもたちを理解しようともせず、ただ大人の権威で力で迫っていっていたのなら、彼らは私とともに生きることはしなかったでしょうし、私は夜の世界の人間の手で殺されていただろうと思います。

　私がともに生きてきた四〇〇〇人を超えるすべての子どもたちの人生には、すべて大人の手によって哀しみが刻み込まれていました。その哀しみを癒《いや》してくれる人と出会うことがなかったばかりに、非行や犯罪というさらなる哀しみを背負ってしまった子どもたちでした。また、どの子もそれまでの人生で、ただの一人でも、彼らを理解しともに悩み、ともに哀しみ、ともに喜ぶ、言い換えればともに生きてくれる大人がいたならば、そのような罪を犯すことのなかった子どもたちでした。

　ある子は親に恵まれず、ある子は学校でのいじめに潰《つぶ》され、ある子は心ない教員の一言に人生を捨て、ある子は性を目的とした中年の男におもちゃにされ……。すべての子は何らかの形で、大人たちによって昼の世界から追い出され、非行や犯罪へと押しやられた子どもたちです。それにもかかわらず、彼らの多くは、私とのふれあいの中で、自分を傷つけた親や教員や社会に対するうらみを捨て、自分の犯してしまった過《あやま》ちを日々償《つぐな》いながら生きています。哀しいことに、何人かはその重みに耐えきれず自らの命を絶ってしまいました。

私はこの章で、彼らの、四〇〇〇人を超える一人ひとりの子どもたちについて、すべて書くことを通して、この本を読むみなさんに、彼らの哀しみがどこから生まれたのか、だれが作ったのかを考えてほしいと思っています。しかし、この四〇〇〇人の多くは、今、私がこのような本の中で扱うことのできない子どもたちです。彼らにも守らなければいけない家族や立場があります。

彼らの中でも、「自ら自分を書いてほしい、私の哀しみを知ることで、少しでも優しい親が増えたらいいし、また、私の話を読んで、こんな哀しい生き方をしない子どもが増えてくれれば」と、書くことを認めてくれたケースと、もう命を失い、私にこのように言ってくれることはできないけれど、きっと言ってくれる、私が書くことをきっと喜んでくれると確信している子どものケースのみを書きました。

私にとって、この章は、書くこと自体が苦しみであり、哀しみです。それでも、あえて書くのは、この世のすべての子どもたちから、このような哀しみをなくしたいという想いからです。できるだけていねいに子どもたちの哀しみを書きつづっていきます。

薬物との最初の戦いで失った少年

私は教員生活をずっと生徒指導を担当してきました。生徒指導、聞き慣れないことばかもしれません。生徒の非行問題や犯罪に直接関わり、指導・更生させる仕事です。その生徒指導の中で、私がいつも自分に言い聞かせてきたことは、生徒とともに生きることでした。どんな生徒でも、まずはその生徒との人間関係を作り、ともに生きることでその更生をはかる。言い換えれば、罰《ばつ》による、あるいは脅《おど》しによる生徒指導ではなく、愛の生徒指導を試みてきました。こんな私に自分の甘さを痛いほどわからせたのが、薬物の問題でした。

今から一二年前、私はシンナーの乱用を四年にわたり続けた一人の少年と知り合いました。私が知り合ったとき、彼は高校一年生でした。

彼の母は福島県のいわき市出身で、小学校五年生の時に父親を事故で亡くし、その後、働く母が家に残した小さな弟や妹の面倒をみるために、ほとんど学校へは行けませんでした。そして、中学を卒業すると同時に、神奈川県の川崎市にある工場に就職しました。それからは、お決まりのコースです。華やかな都会の夜にあこがれ、水商売に入り、そこで彼の父親である一人の暴力団の構成員と知り合います。そして、彼を産みました。しかし、彼の父は、彼が三歳の時に暴力団同士の抗争で命を落としました。

それからの彼の母は、暴力団関係者から離れ、横浜のぼろぼろの木造のアパートに住み、パジャマの縫製《ほうせい》工場で働きながら、彼を育てました。貧しくても親子二人、充実した日々だったそうです。彼も母の愛に応《こた》え、小学校の三、四年の時は、学級委員をやるほど優秀でまじめな子だったそうです。

しかし、彼が小学校五年の夏休みに、彼の母が過労で病気に倒れ、寝たきりとなります。彼にも彼の母にも、生活保護などの社会福祉制度についての知識はなく、また誰も手を差し伸べてくれる人はありませんでした。お金がなく公共料金が支払えなくなると、電話・都市ガス・電気と次々と止められていきました。

そんな中で、彼はアパートから歩いて四〇分はかかる大きな私鉄の駅周辺のコンビニを一軒一軒回ったそうです。そして、「お兄さん、うち今、母さんが倒れてしまって貧乏なんだ。もし捨てるお弁当があったらくれませんか」と頼んだそうです。行く店、行く店で「ごめんね。余ったお弁当は全部戻さなくてはならないんだ」と断《ことわ》られ、ようやく一軒のコンビニのおじさんが、「でも、ぼく、余ったお弁当を戻す時間は午前二時だよ。そんな遅くにここまで来れるかい。もし、来れるなら、その一五分前ぐらいにおいで。何個か回収用のコンテナの上に置いておいてあげるよ」と言ってくれたそうです。それからは、毎日午前零《れい》時を過ぎると家を出て、そのコンビニまで行き、物陰《ものかげ》で人がいなくなるのを待って、そのお弁当をもらったそうです。そして、何度もお辞儀《じぎ》をして持って帰ったそうです。

しかし当然、これだけで二人は生きていけません。彼は給食のおばさんに、「おばさん、俺《おれ》さあ、近くの公園で捨て犬を三匹飼ってるんだ。犬にやりたいから、余った給食くれないかなあ」と頼んだそうです。そして、休んだ子どもたちや食べなかった分のパンや牛乳をもらい、生きていたそうです。

残念ながら、この親子の状況に、心ある大人は誰も気づきませんでした。しかし、子どもたちは敏感です。彼のクラスメートの子どもたちが気づきました。当時、彼は友人もなく嫌われていたそうです。それは、彼なりに自分の貧しいようすを知られたくないと、いつも肩をいからせていたからだそうです。彼のクラスメートたちは、彼を猛烈にいじめ始めました。

彼にとって一番辛く苦しかったのはこの事件だったそうです。一一月のとても寒い金曜日、風邪で休んだ子が多かったため、給食のおばさんに、パンを一五個と牛乳を七本もらったそうです。それを大事に鞄に詰め、家へと急いでいると、近くの公園にクラスメート数人に連れて行かれたそうです。そして、「おい、おまえんち、本当は貧乏なんだろう。このパン、本当はおまえんちで食べるんだろう」と言われたそうです。彼が「違うよ、犬にやるんだ」と答えると、「それならこうしてもいいよな」と、パンを地面にまかれ、踏みつけられたそうです。

彼はそれを歯を食いしばって拾い、持って帰り、アパートの隣の部屋のおばあさんに、「おばちゃん、悪いけど砂糖とガス貸して。かあちゃんが元気になったら何かで返すから」と頼んだそうです。そして、牛乳に砂糖を入れ、それにつぶされたパンを浸《ひた》し、フライパンで温め、お母さんに「かあちゃん、これフレンチトーストだよ。家庭科の授業で習ったんだ。本当は卵も入れるんだけど……。かあちゃん、元気になったら最初に卵を買って。そしたら本当のフレンチトースト作るから」と言って食べさせたそうです。さすがにお母さんが「おいしいよ」と言って食べているときは、涙が止まらなかったと言っていました。

こんな彼を助けたのは、同じアパートに住んでいた暴走族の少年でした。暴力で彼へのいじめを止めました。暴走族に助けられた彼は、小学校の六年からその仲間となりました。

これを哀しんだのは、彼の母親でした。母からしてみれば、暴走族に入った息子の姿は、彼女が一番なってほしくなかった父親の姿と重なったからです。彼も苦しみました。彼も決して好きで母親をこのような形で苦しめたかったのではありません。彼はその苦しみから逃れるためにシンナーに手を出しました。当時も今も暴走族の世界では、シンナーは最も簡単に手に入るドラッグです。

私たち薬物問題に取り組んでいる人間の間でよく言われることばがあります。それは、「まじめな子ほどまじめに薬物を使い、まじめに壊れていく。心に傷を持った子ほど、その心の傷を埋めるために必死で薬物を使い死んでいく」ということばです。まさに彼は、このことばそのものでした。彼は四年間にわたりシンナーだけを、絶対に裏切らない、彼から苦しみを取り払ってくれる唯一の〝友人〟として使い続けていました。

しかし、私と知り合ってからの彼は、私と生活することを通して少しずつシンナーから離れようとしました。「先生、俺《おれ》、先生んちへ行っていいか？　先生といつも一緒なら絶対シンナー使えないだろう」。こう言って、彼はしばらくの間、私と生活します。そして一週間もすると、「先生、もう俺シンナー止《や》めれたよ。かあちゃんが寂《さび》しいだろうから、家に帰る」と言って家に帰りました。その翌日の午前二時頃には、「先生、またシンナーやっちゃった。俺のこと嫌いになるかい」と、泣きながら電話をかけてきました。

このようなことが数回続いたある夜、私が夜間高校での授業を終えて自分の研究室にいると、彼が新聞紙を破いたものを持って訪ねてきました。「先生、俺、先生じゃ、シンナー止められないや。先輩に聞いたんだけど、この新聞にシンナーや覚せい剤などの薬物を止めれない病気を治してくれる病院の記事が出てるんだ。俺をここに連れてってくれよ」。こう言って、その新聞を私に見せました。

私はこのとき、かちんときました。そして、むっとしました。私が彼をシンナーから助けようとこれだけ努力しているのに、私じゃ駄目《だめ》だと言われたのです。それで、彼に辛くあたりました。「わかったよ。来週の月曜日に連れてってやるよ。でも、お母さんから健康保険証を借りとけよ。金かかるぞ。今日は先生は忙しいから、帰れ」と言って、私にまとわりついていた彼を帰しました。彼は私のほうを振り返り振り返りながら、去っていきました。一五メートルほど離れたときでしょうか、私に「先生、今日冷てえよ」と言うと、そのまま去っていきました。この言葉が、私が彼から聞いた最後の言葉となりました。今でも耳から離れません。

彼は、翌朝午前二時、自宅近くの道路でダンプカーに飛び込み死にました。事故死でした。シンナーからくる幻覚の中で、ダンプカーのヘッドライトが別の美しい世界への入り口に思えたのでしょうか。そのライトの中に飛び込んでいきました。防がなければならない死、私が追いやってしまった死でした。

依存性のあるもの、特に薬物を止めようとするとき、必ずと言っていいほど、「さよなら○○」をします。たとえばお酒を止めようとするときに、「よし今日たっぷりと呑《の》んで、呑み納めにするんだ」と言って呑む「さよならお酒」、「この一箱を吸ったらもうたばこは止める」という「さよならたばこ」、実はほとんどの場合、「こんにちは○○」となってしまい、止めることはできないのですが……。シンナーや覚せい剤などのヘビーな薬物の場合も同様です。あの日、私は、あのまま彼を帰してしまえば、彼が「さよならシンナー」をやるだろうことはわかっていました。しかし、「水谷では駄目だ」という一言にかっときて彼を追い返してしまいました。

私はその後、彼のお葬式に出ました。彼の母と私だけの寂しい葬式でした。告別式が終わった後で、彼の母に、火葬場《かそうば》まで同行し「箸渡《はしわた》し」をいっしょにしてくれるよう頼まれました。火葬場で、一時間ちょっと待ち、彼の骨が焼き上がったとき、彼の母は焼き上がったばかりの彼の遺灰《いはい》を両手でつかみ、慟哭《どうこく》しました。何度も何度も「シンナーが憎い。私の子を二回奪った。一度目は命、二度目は骨までも……」と叫びながら。

シンナーを四年間吸い続け、ぼろぼろになり、しかもシンナーを体内に入れたまま焼かれた彼は、ほとんど骨を残しませんでした。泣き続ける母の手を握り、「せめて、灰だけは一粒残らず拾ってやりましょう」と、箒《ほうき》とちりとりを借りてすべてを骨壺にすくいとり、白木の箱に納めました。

翌日、教員を辞《や》めようと自分の荷物をまとめていたとき、私の目に、彼が置いていった新聞記事が目に入りました。「そうだ、教員を辞めてただの人になったら相談できない。教員の肩書きがあるうちにこの病院へ相談に行き、もう一度自分の犯した過《あやま》ちを整理しておこう」と、彼の死のちょうど一週間後に、薬物依存の専門病院に行きました。そこでは、院長先生が私と会ってくださり、私の話を聞いてくれました。

私の話を聞き終わった院長先生が私に言ったことばを、私は生涯忘れることができないでしょう。先生は私に、「水谷先生、彼を殺したのは君だよ。いいかい、シンナーや覚せい剤などの薬物を止《や》めることができないというのは、依存症という病気なんだよ。あなたはその病気を愛の力で治そうとした。しかし、病気が愛の力や罰の力で治せるのですか。たとえば、四二度の熱に苦しむ生徒を、自分の愛の力で治してやると抱きしめて熱が下がるのですか。あるいは、お前の根性がたるんでいるから、そんな熱が出るんだと、殴《なぐ》って熱が下がるのですか。その病気を治すために、私たち医師がいるのでしょう。無理をしましたね」と言いました。私は自分の目から鱗《うろこ》が落ちるようでした。

その後で先生は、「水谷先生、あなたはとても正直な人だ。あなたは教員を辞めようとしているでしょう。ぜひ、辞めないでほしい。これからも彼のような薬物の魔の手に捕《つか》まる子どもたちがたくさん出るでしょう。それなのに、教育に携《たずさ》わる人でこの問題に取り組んでいる人はほとんどいません。いっしょにやっていきませんか」と言ってくださいました。これが、私と薬物との一二年間にわたる戦いの出発点となりました。

自ら犯した罪の重さに自死した少年

私は、四年前の三月三日に白いネクタイと黒いネクタイをつけました。この日は私の勤める夜間高校の卒業式でした。しかし、そのめでたい日が、私の関わった子どもたちの中で一〇人目の死者を迎える日となってしまいました。

ちょうどその二年前に私が関わった一人の少年がいました。この少年は優しい母親と二人で暮らしていました。まじめで成績も優秀、前途《ぜんと》を期待される少年でした。ところが、高校一年の時に覚せい剤と出会ってしまいました。好奇心から一度だけと、駅頭で密売する外国人から手に入れた覚せい剤が、彼の人生だけでなく、彼の母の人生までも破滅へと追い込みました。

最初は、母親の財布《さいふ》からお金をこっそり盗んで覚せい剤を買っていた彼が、数カ月後には、母親を脅《おど》し、そして暴力まで振るいお金を奪うようになりました。母親の前でも気にせず覚せい剤を乱用する姿に途方《とほう》にくれた母親が、私に相談してきました。

私は、母親を保護し、そして彼に、薬物の専門病院に入院することを勧《すす》めました。しかし、覚せい剤を手に入れる金ほしさに、彼は帰宅途中のサラリーマンを襲い、大けがをさせ金を奪いました。そして、彼は強盗傷害の罪で逮捕され、少年院に入りました。

その後、彼の母親からの連絡は跡絶《とだ》え、私も彼の出院後に改めて彼と話し合おうと考えていました。ところが、三月二日に彼の担当の保護司《ほごし》さんから、彼が少年院を出院してすぐに自殺したと連絡が入りました。

保護司さんからの話を聞いて、私は自分のいたらなさに哀しくなりました。彼の母親は、彼の逮捕後、彼が傷つけた被害者の方への賠償《ばいしょう》に日々苦しんでいたそうです。そして、彼の出院を待たず、昨年の暮れに生活苦から前途《ぜんと》を悲観して自殺をしてしまったというのです。

彼は出院して初めてそのことを知り、自らの犯した過ちの重さに耐えきれず、母親の後を追っていったのです。しかも、数カ月前に彼の母が首をつったその場所で自らの命を絶ちました。私が、彼が少年院で過ごした二年間の中で、母親と一度でも連絡を取っていれば防ぐことのできた二つの死でした。

主婦に一生消えない怪我《けが》をさせ、償いつづける少年

私は今から四年ほど前に、一七歳の外国籍の一人の少年と知り合いました。彼の両親はカンボジア人でした。内戦が続くカンボジアから逃れて、ボートピープルと呼ばれた難民として日本に入国した人たちでした。両親ともに日本語はあまり話せず、貧しい家庭で彼は育ちました。彼は小学校時代から非行に手を染め、窃盗《せっとう》、恐喝《きょうかつ》、薬

物の運び屋、薬物の密売人と、中学時代にはありとあらゆる非行・犯罪に手を染めていました。また、その地域では有名な暴走族のナンバー2でした。彼は、中学校時代にすでに少年院に入所という、いわゆる箔《はく》のついた、つまり何度も非行・犯罪を繰り返し、警察にとって有名な、また仲間たちからは一目《いちもく》置かれる少年でした。当然、彼は高校には進学せず、非行・犯罪を繰り返していました。

私は、夜の街で偶然、彼が高校生を恐喝している場面に出くわし、彼を保護しました。そして、どういうわけか、彼と親しくなりました。多分、ウマが合ったというのでしょうか、知り合ってからは、私の学校に訪ねてきたり、夜、私と会ったりしていました。

そのような中、彼は高校に入りたいという夢を持ち始めました。私が強く勧《すす》めたことも一因だと思います。現在の日本で、外国籍の子どもが自立して生活していくためには、何としても高校卒業の資格が必要だと、私は彼を説得しました。そして、次の年には近くの夜間高校の入学試験を受けようと、私が用意した小学校や中学校の教科書で勉強を始めました。暴走族との関係も、なんとか上手に切れそうになっていました。そんな矢先に、彼は大変な事件を起こしてしまいました。

彼は、暴力団員をしている暴走族のOBたちから、呼び出しを受けました。そして、暴走族を抜けたいのなら、五〇万円の金を用意しろと殴《なぐ》る蹴《け》るの暴行を受け脅《おど》されました。彼は私に相談すべきだったのに、私に迷惑をかけてはいけないと、後輩たちに相談しました。後輩たちは何とか先輩である彼を助けようと、主婦たちを狙った、バイクでのすれ違いざまの引ったくりを始めてしまいました。彼も、自分のために後輩ががんばってくれるのに、自分だけ何もしないわけにはいかない、この五〇万円さえできれば自由な身になれると、後輩たちとともに引ったくりを始めてしまいました。

彼はある晩、夜の一一時頃、スーパーマーケットでのパートを終え帰宅しようと家路を急いでいた、一人の主婦のハンドバッグをバイクで後ろからすれ違いざまに引ったくろうとしました。その際に、彼はバイクでその主婦を引っかけてしまい、主婦は転倒、後頭部を道路に打ちつけ、下半身不随《ふずい》となってしまいました。

その後、次々と彼らは逮捕されました。そして、彼は「強盗傷害」の罪状で、家庭裁判所で審理を受け、少年院へと送致《そうち》されました。彼とは、彼が留置されていた警察署の面会室でガラス越しにあったのですが、「先生、ごめんね。俺《おれ》、どうやって償《つぐな》えばいいんだろう」と泣いていました。私もかける言葉がありませんでした。彼が少年院に送致されてからは、私は面会ができず、ただ手紙でほぼ三年の間やりとりをしました。少年院の中で、彼なりにどう償うかを必死で考えていることが、毎回の手紙から手に取るようにわかりました。

今、彼は少年院を出院し、地元を離れ、都内の運送会社で配達助手として働いています。毎日朝早くから、トラックの助手席に乗り、都内各地への商品配送を行っています。昨年秋に勤め始めてから、一回も欠勤することなく、それどころか、喜んで残業もするし、休日でも仕事があれば出勤させてほしいと意欲的に働いています。それには理由があります。彼には今、一生をかけて自分のしてしまったことに対する償いをしたいという強い意志があるからです。

彼は毎月の給料から必ず五万円を銀行に積み立てています。これは、彼の毎月の給料の三分の一以上にあたります。そして、これが五〇万円になるごとに、自分が下半身不随にしてしまった主婦の方のところに届けに行き、謝罪するんだと、少年院の中で決めてきました。まだ最初に謝罪に行くまでには、半年以上の月日があります。しかしその方からは、留置所や少年院からの、またその後の何回もの手紙に、ただの一度の返事もなかったそうです。彼は先日、こう言っていました。

「いいんだよ。返事なんかもらえるわけがない。自分のやったことは、取り返しのつかないことだっていうのはちゃんとわかってる。でも、償うんだ。一生をかけて……。そうしなくちゃいけないんだ」

虐待から非行に入った少年

今から数年前に、私はある一人の高校一年生の少年と夜の街で知り合いました。彼は、小学校一年から中学三年まで、六月・七月・九月はただの一日も学校へは行きませんでした。この理由はあとで知ることになりました。それでも、何とか高校進学を果たし、そして高校入学後すぐに暴走族に入りました。彼にとって、一人前の暴走族になることは中学校時代からの夢で、うれしくてうれしくて、暴走族の集会と暴走には一回も欠かさず参加していました。

みなさんの中には、暴走族というと社会のゴキブリ、あるいは迷惑集団として、ほとんどの人が眉《まゆ》をひそめ、忌《い》み嫌《きら》うと思います。しかし、私は、彼らも社会や大人たちからの被害者だと考えています。彼らだって、みんな、親や教員や社会から認められ評価されて、昼の世界で胸をはって生きたいと思ったことはあるのです。それができなかったために、愚かな形ですが、一つの自己表現として暴走をしている。また、一人ひとり孤立してしまえば、親や教員や社会から潰《つぶ》されてしまうから「族」という集団を組織しているのです。

彼は父親と二人暮らしでした。貧しかったため、暴走族に入ってもバイクを買うことができず、いつも先輩のバイクの後ろに乗せてもらい、集会や暴走に参加していました。私は会うたびに彼に、彼の持つたくさんのすばらしい点を語りながら、違う生き方をしないかと誘っていました。しかし、暴走族に入ったことに舞い上がっていた彼には聞く耳がありませんでした。

六月も末になると、彼は自分のバイクがほしくなりました。そして、暴走族の先輩に、「先輩、俺も族に入ってそろそろ三カ月、自分のバイクがほしいんだ。でも、うち、金がなくて……」と言ったら、先輩は「そんなの簡単だよ。郵便局や銀行を狙うんだ」と言ったそうです。彼が顔面蒼白《そうはく》になって、「先輩、それはダメだよ。郵便局や銀行はビデオカメラがついてるから、顔が映ってすぐ捕《つか》まっちゃうよ」と言うと、

「バカ、だれが中を狙うって言った。いいか、郵便局や銀行から大事そうにハンドバッグを持って出てきたおばちゃんを狙《ねら》うんだ。今は給料日のあと、大事そうに持っていれば、まとまった金が入ってる。俺がバイクで後ろから抜いてやるから、お前は後ろの席で引ったくれ」と答えたそうです。彼はこれを真《ま》に受けてしまいました。

翌日の午後三時ちょっと前に、自宅近くの国道沿いにある郵便局の前で、先輩のエンジンをかけたバイクの後ろに乗って待っていました。ちょうどそのとき、六七歳のおばあさんが、郵便局で一八万円のお金を引き出して出てきました。このおばあさんは、近くのアパートで、七二歳になるおじいさんと二人暮らしをしていました。このお金は、このお二人の二カ月分の老齢年金、すべての生活費でした。おばあさんはきっと、こう思っていたでしょう。「今日は二カ月に一回の年金が出た日、今日くらいは何か、おじいさんにおいしいものをごちそうしよう」

このおばあさんを狙いました。先輩が「おい、あのばあさん、やるぞ」と言ってバイクを発進させます。そして、後ろの席の彼がすれ違いざまに、おばあさんのバッグをさっと引ったくりました。ところが、おばあさんからしてみれば、このお金を盗《と》られたら暮らしていけません。「止めて……」と言ってしがみつきました。それが命取りになりました。おばあさんは、七メートル引きずられて、ガードレールに頭をぶつけて脳挫傷《のうざしょう》、その後、治療のかいなく亡くなりました。

この事件が翌朝の新聞各紙に出たとき、逃げた犯人が暴走族風の若い二人組と書いてありましたから、私は自分が関わっている子どもでないといいなと思いながら、学校へ行きました。すると、午後三時頃、彼が私を訪ねてきました。顔を見た瞬間に、彼が犯人の一人であることがわかりました。彼の住所は事件のあった郵便局のすぐ近くですし、彼は真っ青な顔でぶるぶる震《ふる》えてやって来ましたから……。

私が、「お前か？　お前がやったのか」と問いただすと、彼は「先生、どうしよう」と言ってしゃがみ込みました。「お前な、どうしようはないだろう。小学生でも中学生でも、高校生でも、たとえどんな子どもでも、自分のやったことの始末は自分でつけなければならないんだよ。逃げることなんてできないよ。どう始末をつけるんだ」と問うと、彼は「先生、自首する。警察に連れてってくれ」と私に頼みました。

私は、「ちょっと待て。お前、先生とずっと友だちできたよな。お前は確かに罪を犯した犯罪者だ。犯罪者という意味で、警察に自首するのは当たり前。でもな、お前は犯罪者である前に、水谷の友だちだし、生徒だし、人間だろ。人間として、もっと前にやらなくてはならないことがあるんじゃないか」と話しました。彼は、一〇分ぐらい下を向いて考え込み、「先生、謝《あやま》りに行きたい。お見舞いに行きたい」と言ってくれました。私はとてもうれしかったです。彼には人としての心がちゃんと残っていました。

知り合いの記者に病院を調べてもらい、その病院を彼と訪ねました。事件からすでに二四時間以上が過ぎていましたが、まだ集中治療室での治療が続いていました。集中治療室の階でエレベーターを降りた瞬間に、部屋の前で長いすにちょぼんとちっちゃなおじいさんが心配そうに座っていました。一目見て、家族の人だとわかりました。彼はこのおじいさんの姿を見た瞬間に、「ワーッ」と声を出して駆け出しました。そして、おじいさんの前で土下座して、自分の頭を床に叩《たた》きつけて、「ごめんよ、俺《おれ》がやったんだ、ごめんよ」と謝りました。額《ひたい》は切れ、床は血だらけでした。でも、おじいさんは、横を向いて一切《いっさい》口をきいてくれませんでした。

私は一〇分ぐらい、そのそばに立ちつくしていましたが、我慢できなくなり、「もういいよ、よしなさい」と言って彼を立たせ、おじいさんに「おばあさんの命が助かることを祈っています。こいつはこれから警察に自首させます。またそのあとで戻ります」と言って、その場を去りました。

私は関わっている子どもたちにいつもこう教えています。罪を償《つぐな》えるというのは嘘だ。一度やってしまったことは、一生消えない。償うことはできない。一生その罪を背負って生きていくしかない。だから人間は、たとえ人のもの、親のものをちょっと盗むことであれ、ことばで人をいじめることであれ、人を殴《なぐ》ることであれ、何か行為をするときには考えて考えて、自分が責任を持てる行為しかしてはいけない。生きる、行為するというのは、その一つ一つに責任がともない、重いものなんだ。たとえば、人を殺してしまって、「ごめんなさい。私はちゃんと七年、刑務所に行って罪を償ってきました」、これで済むのか。死んだ人は生き返らない。一生、その罪を背負って、それを日々償いながら生きていくしかない、と。

彼は哀しい子でした。この事件のちょうど一週間前に、自分の通っている学校で大きな事件を起こしていました。体育科の担当教員を殴《なぐ》ってしまったのです。その夜、私の学校に暗い顔で来ました。そして私に、「先生、俺《おれ》、体育の先生を殴ったから、退学になる」と言ってきました。私が「何で殴った？　お前は理由もなく人を殴るようなそんなバカではないだろ」と言うと、「うーん」と下を向いて、それから、「先生、見てくれるか」と言って、洋服を脱《ぬ》ぎました。

私は彼の背中を見て愕然《がくぜん》としました。彼には「背中」がありませんでした。背中全部に、火のついたたばこを押しつけられてできた火傷《やけど》の跡が広がっていました。私が「何だ、これは」と尋《たず》ねると、彼は、

「おやじ。俺が三つの時におふくろが男をつくって出て行って、そのあとおやじ、俺がお漏《も》らししたり、こぼしたりすると、折檻《せっかん》だって、たばこの火を背中に押しつけたんだ。そのあとも酔っぱらって帰ってきて、気に入らないことがあると、たばこの火を押しつけたり、殴ったりしたんだ。俺はこの背中をだれにも見られたくなくて、プールのある六月、七月、九月は小学校一年から学校に行かなかったんだ。俺の高校の体育の先生が、プールで泳がないと体育の単位はやれない。体育の単位がないと留年だって言ったから、俺、先生に、プールだけはだめなんだ、清掃でも片づけでも何でもやるから勘弁《かんべん》してって頼んだ。でも、あいつ、プールサイドに入らなくては出席にしない。プールサイドに入るためには、海パンに着替えて消毒をしなくてはだめだって言って、俺の服に手をかけたんだ。背中が見られるって思った瞬間に、もう何がなんだかわからなくなって、振り向きざまに殴ってた」

と、今日起きたことについて話してくれました。

私は、「いいよ。お前の学校の校長先生に事情を話して助けてやる。絶対わかってくれるよ。ただし、お前のおやじのやったことは絶対許さない。お前のおやじのやったことは立派な犯罪だ。お前のおやじには臭《くさ》い飯を食ってもらう。お前はしばらく施設に入ることになるけど、我慢しろ」と言って、児童相談所や福祉事務所、警察などと連携して彼を助けようと動き始めました。その最中に起きた事件でした。

彼に、いい母親や父親がいたら、彼はあんな事件を起こさなかったと確信しています。彼もまた、被害者でした。

シンナーに救いを求めた少女

今からちょうど九年前の四月に、私は地方にある精神病院で、中学校を卒業したばかりの一人の生徒と知り合いました。私は当時、私の関わった重い摂食《せっしょく》障害の女子高校生を、その病院に預けていました。そして、彼女の面会に月に一回はその病院を訪れていました。

私が彼女と病院の待合室で話をしていると、病棟のほうから一人の、髪をばさばさに散切《ざんぎ》りにした可愛い女の子が歩いてきました。私が彼女に、「あの子、どうしたの」と聞くと、「先生、あの子の友だちになってやってくれる？　話を聞いてやって……」と言って、その少女を連れてきました。

この子は日本海側の、ある県の大きな会社の社長の娘でした。ところが、小学校六年生のころから、父親から性的虐待を受けていました。母親はそれを知っていましたが、彼女を救ってはくれなかったそうです。そして、中学に入ると、その苦しみから逃れるためにシンナーに手を出しました。

そのような日々の繰り返しの中で、中学三年まで、この子は何とか生き抜いていました。しかし、中学校三年の秋に、父親からの性的虐待による心理的ショックの積み重ねと、シンナー乱用によって半狂乱になってしまいます。裸で外に飛び出したり、大声で叫んだり、手首をリストカットしたりと、さまざまな精神症状が現れました。親は世間体《てい》もあり、また、自らの行為を身近な医師に知られないようにと、遠方の病院に入院させたのでした。

この子の髪が散切《ざんぎ》りだったことには理由があります。この子は通っていた中学校でもいじめに遭《あ》っていたそうです。そして、中学校二年のころからは、ほとんど通うことができない状態でした。それでも、卒業式だけは出席したいと、その予行練習の日に久しぶりに一時退院をして学校に行きました。

そしたら、いじめっ子たちに、「お前みたいな、学校に来てないやつは出る資格なんかない」と言われ、「私、どうしても出たい。どうしたら出れる」と聞いたら、「じゃあ、ここで髪の毛をざくざくに切りな、そしたら出してやる」とはさみを渡されたそうです。彼女は自分の大好きだった真っ黒な長い髪をそこで切り、散切りの頭で卒業式に出席しました。

彼女はこの病院で、いろいろな投薬治療を受けながらがんばりました。私とも非常に仲良くなり、退院後は家には戻らず、横浜に来て、私の家から私の勤める夜間高校に入学して、そして卒業後は美容師か理容師になりたいと、夢を語ってくれるようにまでなりました。

しかし一年たっても、残念ながら退院することはできませんでした。まだフラッシュバック（「再燃現象」とも言い、一度薬物を乱用した人が、数カ月、数年にわたってその薬物の乱用を止めても、何らかの心的なショックやアルコールなどの使用で、再度、乱用した時のひどい精神状態に戻ってしまうこと）がひどく、普通の生活に戻るには継続的な治療が必要ということで、もう一年入院が延びることになりました。しかし、この病院で、彼女には恋人ができました。入院していた覚せい剤依存症の一七歳の男の子でしたが、いい子で、二人は清く正しく美しく可愛い恋をしていました。そばで見ていても、ほのぼのするような恋でした。

入院して二年目の五月に、はじめて一日外出が認められました。彼女は彼と二人で、東京ディズニーランドに日帰りで行きました。終日、ディズニーランドで楽しみ、病院へ帰るとき、彼が彼女の頬にチュッとキスをしたそうです。これがフラッシュバックの引き金となってしまいました。その場で半狂乱になり、泣き叫び、洋服を破り始めたそうです。彼が押さえて救急車を呼び、警察の力も借りて、病院に戻りました。私はその話を、私の預けた子から聞いていました。

ちょうどその一週間後です。土曜日の夜中の二時頃、彼女から電話がかかってきました。彼女が沈んだ声で、「水谷先生……」と言うので、「おう、どうした？　話は聞いたよ。大変だったな」と言うと、「先生、私みたいな子、人を愛する資格はないんだよね、汚れてて……」とさらに暗い声で言いました。私が、「そんなことはないよ。お前はとってもきれいな心を持ってるし、可愛いし、先生、独身で若かったらお前と結婚したいな」と言うと、「先生、ありがと……。もう私、人を愛せない。だめなんだ。先生、ありがと……」と言って、電話が切れました。

私は危ないと思って、すぐに病院に電話を入れました。そして、「自殺の可能性があるから、すぐ保護してほしい。保護し次第、連絡してほしい。そちらにすぐ向かうから」と伝えました。二〇分後ぐらいに、病院から、保護室に保護して安定剤を注射したという連絡がありました。私は、これからそちらに向かうことを伝え、車でその病院に向かいました。虫が知らせたというのでしょうか、何か嫌な予感がして、相当飛ばして行き、朝の七時ちょっとすぎに病院に着きました。

私の車が病院に着いたとたん、入院させていた女子高校生や私を知っている連中が私の車に走り寄ってきました。しかも、みんな目は真っ赤、ほとんどが泣いていました。私はその瞬間に彼女が死んだことを知りました。

彼女はベッドのシーツを自分の歯でかみ切り、ひもを作って、それをベッドのパイプと自分の首にかけ、正座して、自分の体重で首をつって死んでいました。私にはただ泣くことしかできませんでした。

彼女の遺体は、彼女が最も憎んでいた両親によって引き取られていきました。私にはどうすることもできませんでした。そして、私は彼女の墓も知らせてもらえませんでした。いつか、何とか突き止めて墓参りをしてやりたい。今の私には、それしか彼女のためにできることはありません。

家出から、覚せい剤の魔の手に捕《つか》まった少女たち

私は一昨年の秋、ある地方の三人の女子中学生と関わりました。彼女たちはその年の夏休み、一人が、家に帰るのが遅いと家で叱られたことから家出し、近くの駅のコンビニでどうしようかと夜遅くまで相談していたそうです。そのうちに最終のバスに乗り遅れ、朝までそのコンビニの周りで時間を過ごし、朝一番のバスでみんなで彼女の家に行き、謝ろうと話し合ったそうです。三人とも非行歴などまったくない、ごく普通の少女たちでした。

そこに、一人の二一歳の青年が車で近づき、声をかけてきたそうです。「どうしたの？　困ったことがあるなら、助けてやるよ」と言う彼の甘い言葉にのり、彼女たちは、家で叱られ家出したこと、でも反省して帰ろうと思ったときには、最終のバスは行ってしまい、朝一番のバスをここで待っていることを話しました。

彼は、「じゃあ、俺《おれ》の車で送っていってあげるよ」と言ってくれたそうです。そして、三人が乗り込むと、「どうせこんな時間になったんだから、ちょっと車を飛ばして海まで行かないか。太平洋の日の出をみんなで見て、それからすぐ家まで送ってあげるよ」と彼は言い、車は海岸に向かいました。こうして三人は、彼の車でドライブをしました。

そして、朝も近づいた頃、「これ飲むと元気になるよ」と小さな結晶状のものを、缶のグレープフルーツジュースの中に入れ、渡してくれました。それを三人でこわごわ飲んだそうです。もう、一瞬で疲れは取れ、嫌なことも飛んでしまい、こんないい薬があるのかと思ったそうです。これが覚せい剤と三人の少女の出会いでした。その日は彼の携帯電話の番号を聞き、家まで送ってもらい別れました。

三人の女子中学生はその後もこの青年と会い続け、ついには、覚せい剤なしでは辛くて我慢できなくなり、三人一緒に家出して、彼のアパートに転がり込みました。そして、お決まりの転落です。彼の言うままにテレクラや伝言ダイヤルに電話をして、買春《かいしゅん》される（私は未成年の子どもたちに対して、「売春」ということばを使うことは不適切だと考えます。彼女たちは大人たちの被害者としてとらえられるべきです。そのため、私は「買春される」ということばを使います）ことを繰り返しました。

一人が、中学の友人に電話をしたことから、所在がわかって補導されるまで、これを繰り返しました。現在、三人とも、覚せい剤依存症に苦しみながら、これからの人生を再構築しようとしています。しかし、その道は非常に困難です。

親に捨てられ、死んでいった青年

私は三年前の一月八日、成人式の日、二〇歳の青年に死なれました。私にとって一二人目の、関わった青年の死でした。

私は、ちょうどその一年前の三月に初めて彼と出会いました。彼は夜の街でぼろぼろの洋服を身にまとい、薬物使用者独特のドロンとした目で、歩道橋の下に段ボールを敷《し》いて座っていました。彼は路上生活者としてはあまりに幼く、私はすぐに彼に声をかけました。彼は声をかけた私をドロンとした目でにらみつけ、「うるせえんだよ。どっか行けよ」と挑戦的に怒鳴りました。

私が彼の傍《かたわ》らに座り、彼と話そうとすると、彼はそそくさと立ち去ろうとしました。そのときです。彼は口から泡を吹きながら痙攣《けいれん》をおこし、倒れてしまいました。私はすぐに彼の気道《きどう》を確保し、窒息《ちっそく》することのないように保護し、救急車を呼んで病院に運びました。

幸運にも彼の意識はすぐに戻り、病院のベッドの上で天井をじっと眺《なが》めながら、私と話をしました。彼は、私が定時制高校の教員だと知ると何かほっとしたようで、少しずつ自分のことを話してくれました。彼の母は、彼が小学校の低学年の時に亡くなったこと。彼はそれ以後、板前をしていた父と二人で生活していたこと。そして、中学校時代から発作《ほっさ》が始まり、一カ月に何度か倒れたことなど話してくれました。

私が「何で路上生活なんかするようになったの」と聞くと、父親のことを話してくれました。彼の父親は、彼が中学校を卒業するのと前後して再婚し、その再婚相手の家に入ったこと。彼は父親の紹介で、中学校を卒業すると同時に、住み込みで板前の修業に出たのだけれど、発作のせいで数カ月でクビになり、父親のもとにも戻れず、父親から小遣《こづか》いをもらいながら路上生活をしていることを話してくれました。

私はすぐに彼のために動きました。福祉事務所に相談し、生活保護を受け、アパートを借りて暮らすことができるようにしました。それとともに、きちんとした病院で発作の治療を始めました。彼は安定した生活を手に入れ、幸せそうに日々を生きていました。念願だった高校への進学も、近隣の定時制高校でしたが果たし、まじめに勉強に取り組んでいました。その生活の中で夏には彼女も手に入れ、私のもとに二人で手をつないでやって来ました。

そのころから彼はしきりに、「働きたい。働いて生活保護を止め自立したい」と言い出しました。きっと、一日も早く自立し、彼女と共に生きることを考えていたのだと思います。しかし、彼の発作のほうの治療は思わしくなく、非常に強い薬の投薬を受けており、医師の診断でも、その薬の投薬《とうやく》をさらに数年続けて経過を見ていくということでした。しかもこの薬には、脳の働きを抑制し、ぼーっとさせるという副作用があり、この薬の投薬を続けている間は働くことなどできるわけもありませんでした。

そんな中、秋もそろそろ終わり、冬の足音を感じるようになった頃から、目に見えて彼が活発になってきました。私は何かおかしいと感じてはいたのですが、「薬をちゃんと飲んでるね?」という私の問いにも、「先生、大丈夫だよ。でも、調子いいんだ、このごろ」と言う彼のことばを信じ、それ以上は聞きませんでした。

年が明けた一月九日は、神奈川県の公立高校の始業式の日でした。この日、私も自分の学校の始業式のために午後から学校にいたのですが、夕方四時に一本の電話が入りました。彼の彼女からでした。彼女は動揺しており、泣きながら、「先生、彼、死んでる。口から泡《あわ》を出して死んでるんだ。冷たいんだよ……」と言っていました。私はすぐに救急車を呼ぶように伝え、そして、彼の担任に連絡して彼のアパートに行ってもらいました。

一時間後、彼の担任からも彼の死亡を確認したという電話が入りました。一月八日、二〇歳の成人式の日の朝四時、発作によって亡くなりました。亡くなった部屋の壁には、成人式に彼が着るために、彼女に選んでもらって買った紺のスーツと、私がプレゼントしたネクタイが掛かっていたそうです。

彼女から後で聞いた話ですが、彼は秋以降、薬を飲むことを止め、将来のためにと、私に黙ってアルバイトをしていたそうです。彼女には堅く口止めをしていました。私には「ばかやろう」と叫ぶことしかできませんでした。なぜ急いだのか。

私がその夜、呆然《ぼうぜん》としていると、彼の担任が私を訪ねてきてくれました。そして、学校での彼の写真を見せてくれました。どの写真にも彼の幸せそうな笑顔が溢《あふ》れていました。そして、担任は私にこう言いました。「水谷先生、彼は、彼の二〇年の人生の中で、この数カ月こんなに輝き幸せな日々を過ごしていました。これだけでもよかったと思いましょう」と。

私は、担任を怒鳴りつけたい気持ちを必死で押さえました。「これだけでよかった」。そんなはずはありません。彼はもっともっと生きなくてはならなかった。もっともっと幸せにならなくてはならなかったんです。

その夜、テレビで、成人式で暴《あば》れた二〇歳の青年たちのようすを見ていて、涙がぼろぼろこぼれました。世の中は不公平です。まじめに、ただひっそりと日々を暮らすことを夢みた青年の命を冷たいアパートの床の上で奪い、一方では、何も考えずただその日そのときを享楽《きょうらく》的に生きる青年たちをのさばらせておく。確かに、彼らも大人たちによってそうされた犠牲者ですが、あまりに不公平ではないでしょうか。

すべてを軽く考え、ついには刑務所に消えた少年

今から五年前になります。夜回りをしていた私は、何人かでシンナーの臭《にお》いをぷんぷんさせながら、たむろしている少年たちを見つけました。その中に彼がいました。私は彼らにシンナーを捨てさせ、彼らを一人ずつ車で送っていきました。それぞれの家では、親に事情を話し、家庭の協力もお願いしたいと頼みました。このとき、私の家に一番近かったために、最後に送ることになったのが、彼でした。

彼は私の車の中で、自分の家庭のこと、将来はビッグになって母親に楽をさせたいことなどを熱っぽく話しました。私は、こんなことを繰り返していてもビッグにもなれないし、母親を悲しませるだけだと諭《さと》しました。

初めて会った彼の母親は、深夜にもかかわらず、家に上がらせてくれ、今までの彼の素行《そこう》やどう対処してきたかを話してくれました。その間、彼は「もうやんないよ。ちゃんとまじめに働いて、がんばるから。俺を信じてくれよ」と、神妙《しんみょう》に聞いてい

ました。母親は、「私はあなたの母親だから、信じなければいけないのはわかっているけれど、今まで、何回こんなことを繰り返したの？　いつも、おまえは口ばっかりで、心ではまったくわかっていない」と、悲しい顔で言いました。私は母親に、「今後はいつでも相談してほしい。何でも彼の矯正《きょうせい》のために役立つことを協力します」と伝え、私の自宅の電話番号を教え、その日は家に戻りました。

彼は一カ月後に姿を消しました。どうも、シンナーの売人をやっているらしいという噂を耳にし、家に電話を入れても、母親もどこにいるのかわかりませんでした。

私も彼の居場所がつかめずに困っていたとき、彼から夜中に電話がきました。「友人がバイクに彼女を乗せて遊んでいたら、バイクが転倒し、彼女が怪我《けが》をしている。何とかしてほしい」という内容でした。私は救急車を呼ぶように言い、すぐに車で家を飛び出し、その場所へ行きました。私が着いたとき、彼らはまだ救急車を呼んでいませんでした。地面に横たわる女の子のそばに座り、タバコを吸っていました。その彼女は頭部から相当ひどい出血をし、意識がなく横たわっていました。「何をやってるんだ。なんですぐに救急車を呼ばなかったんだ」と彼らに言い、私はすぐに救急車を呼び、警察にも連絡しました。

彼と友人はその場を立ち去ろうとしましたが、私に制止され観念《かんねん》しました。彼らはシンナーでふらふらでした。そして、彼からいきさつを聞きました。

いきさつはこうでした。彼ら三人は公園でシンナーを吸っていました。夜も遅くなり、今夜は一番近くの彼女の家に潜《もぐ》り込もうと歩いていたら、鍵をつけたままのバイクを見つけ、これで帰ろうとそれを盗みました。そして、「三けつ」という三人乗りで彼女の家へ向かって走行していきました。その途中で道路の縁石《えんせき》にタイヤを引っかけ転倒してしまい、彼女にけがを負わせてしまったのです。

すぐに救急車と警察官が現場に来ました。私は警察官に状況を伝え、彼らを預け、すぐに救急車を追いかけて病院へ向かいました。彼女は脳挫傷《のうざしょう》ということで、すぐに救急手術を受け、一命を取り留めましたが、そのきれいな顔に一生ひきつりを残すこととなりました。病院に彼女の両親が来るのを待ち、事情を伝え、彼女の手術が無事終わるのを待って、私は警察へと向かいました。

警察では、二人ともさすがに神妙《しんみょう》に取り調べに応じていました。彼の母親が体調が悪く、身柄《みがら》を引き取りに来れないため、私が身柄を預かり家まで送りました。この事件で、彼は家庭裁判所の審理を受けることになりました。このとき、彼の担当となった調査官は、彼の中学時代の事件も担当した人でした。そして、私とも話し合い、もう一度チャンスを与えようということで、試験観察処分（一定期間、少年院送致などの処遇の執行を停止し、家庭や専門更生施設などに預け、その間の反省や更生を考慮して、その後の処遇を決めること）となりました。

その後、彼は高校を退学し、知り合いの紹介で、家の近くの土木会社の寮に入り、その社員として働くことになりました。しかし、一カ月もたず、また遊び歩く生活に逆戻りしました。そんな生活が半年続きました。

私のもとに入る彼の噂は、ホストクラブでホストをしているとか、シンナーだけでなく覚せい剤も扱い始めたらしいというような悪いものばかりでした。ときたま電話をかけてくる彼にそのことを言っても、「覚せい剤？　そんな恐ろしいもの見たこともないよ。先生、信用してよ」と、いつもとぼけていました。そして、暮れも押しつまったころ、大事件を引き起こしました。

夜中の二時頃、私の家の電話が鳴りました。私が電話を取ると、彼が、「先生、K署の管内で、先生の学校の生徒のからんだ大事件が起きたようだよ。すぐ連絡してみな」と教えてくれました。私は「何かやったな」とピンときましたが、ともかくすぐにK署に連絡を入れました。ちょうどK署には少年課の知り合いの警察官が宿直でいたため、彼からこういう連絡があったことを伝えると、その警察官は、「先生、それは探《さぐ》りだよ。確かに事件で一人捕《つか》まえているけれど、先生の学校の生徒ではないし、彼が共犯だということは、捕まえた一人の自白でわかっているんだ。事件の内容は言うことができないが、どちらにしても、彼はこちらで身柄《みがら》をおさえるから、もし、もう一度連絡があったら居場所を確認してほしい」と、私に頼みました。

警察への電話が終わると、まもなく彼から電話がかかってきました。私が、「何をやったのかは知らないが、ともかくお前が共犯だということを警察は知っている。逃げてもむだだ。どこにでも出向くからともかく会って話をしよう」と言うと、彼は最初はしぶりました。しかし、警察に連れていかないという約束で会うことにしました。私が待ち合わせ場所に車で行くと、しばらくしてから周りをきょろきょろ見回しながら、彼が現われました。私は彼を車に乗せ、彼から話を聞きました。そして、警察に出頭《しゅっとう》することをしぶる彼を二時間かけて説得し、警察へ自首させました。

この事件のあらましはこうでした。彼の今の彼女が高校三年生で、専門学校への進学を希望していたけれど、家庭の事情で入学金が出せず、諦《あきら》めようとしていることを聞き、彼は金を手に入れようと、友人と二人で酒のディスカウントストアの事務所に泥棒に入りました。ところが、警報装置がついていたため、警備会社の緊急ブザーが鳴り、一一〇番通報され、彼らが重い金庫をなんとか運び出そうとしているときに、警察に囲まれてしまいました。

彼は二階の窓から飛び降り逃げましたが、友人は逃げ遅れ捕まりました。その後の状況がわからず、彼は私を使い、友人が警察に捕まったかどうか確認しようとしたのです。もし、友人が捕まっていなかったら、そのまま知らんぷりを決め込むつもりだったのでしょう。彼らが運び出そうとしていた金庫には、彼らは知りませんでしたが、翌日の仕入れ用の二〇〇〇万円の現金が入っていました。

彼はついに少年院に送られました。私は何度も鑑別所に面会に行きましたが、少年院に送られることが決まるまで、彼は自分の髪の毛が少年院では切られて坊主頭にされるのではないかと、それだけを気にしていました。彼は一年半を少年院で過ごしました。その間、母親は休みのたびに電車とバスで三時間をかけて彼のもとに通いました。

少年院を出た彼は、私の紹介で大手のサウナ風呂センターに夜間従業員として就職しました。私は、夕方から朝まで夜の時間を働けば、悪い仲間と接することもできないし、悪い遊びもできないだろうと考え、その仕事を紹介したのでした。

しかし、そこも一カ月と続かず、またもとの生活に戻ってしまいました。そして、彼はある暴力団の下部構成員となりました。そして、昨年ついに、暴行傷害、覚せい剤所持・使用、そして譲渡《じょうと》で逮捕され、懲役《ちょうえき》三年の実刑を受け、現在は刑務所にいます。

私は今、彼のような子どもが急速に増えてきていると感じています。確かに、彼は極端な例ですが、彼のように物事を深く考えず、ただ刹那《せつな》的にまた快楽的に生きる子どもたちが増えてきています。彼は頭も悪くなく十分な判断力も持っていました。しかし、いつも心で考えることをしませんでした。母親の気持ち、私の想いなど、頭では理解しましたが、心では感じていませんでした。そして、いつも、その時その時の思いつきで生きる。何をするかの価値基準は楽しさであり、その行為の結果はまったく考えない。彼の周りには、多くの彼のような仲間と魅力的な夜の世界が手を広げて待っていました。彼はそれらを捨てることができませんでした。

「夜の世界」に沈んだ少女

私は五年前に、一人の少女と知り合いました。彼女は私にとっては、新人類とも言うべき不思議な存在でした。彼女と知り合ったのは全くの偶然からでした。

私が「夜回り」と呼ばれている、深夜の繁華街のパトロールをしているときに、横浜駅の「ナンパ橋」として子どもたちに有名な場所で、私に声をかけてきたのが彼女でした。そこには、多くの女の子のグループが、ナンパされることを求めてたむろしていましたが、彼女は一人で、私も知っている有名な私立高校の制服で橋の欄干《らんかん》にもたれて立っていました。ルーズソックスに短いスカート、眉は細く整え、唇には口紅というおきまりの格好で。

「おじさん、私いま暇なんだ。どっか遊びに連れてってよ」。これが、彼女が私にかけた最初の言葉でした。私にとってこれは、初めての体験でした。私はいつも、厳《いか》つい顔をして、盛り場を回っています。私の生徒たちに言わせると、どう見ても「マッポ」すなわち警察官のような目をして、夜回りをしているのです。だから、これまで私に自分から声をかける子どもなどいませんでしたし、いつもうさんくさい存在として、近づけば逃げられていました。また、これが私にとっての夜回りの一つの効果でもありましたが。

私は彼女の傍《かたわ》らに座り、彼女と話し出しました。「こんな時間に、こんな場所にいたら危ないいんだよ」と言うと、すぐに彼女は警戒し、「おじさん、もしかしてやばい人？」と、逃げ腰になりました。私が「やばい人って、暴力団、それとも警察？　どちらでもないよ。どういうわけか、教員だよ」と言うと、「なんだ、スケベ教員か」とけらけら笑い、「先生ってスケベが多い割に、みんな無理するんだよね。私の中学校時代の教員だって、私たちが教室で着替えていると、お前たち遅いぞなんて言いながらのぞきに来るんだ。でも、おじさんは許してあげるよ。スケベ丸出しだから」と言いました。

私は苦笑しながら、車で来ていることを伝え、彼女を車に乗せました。彼女は車に乗ると、「おじさん、いい車だね。どこ連れてってくれる？　どこでもいいけど、おじさん、お金持ってんでしょ。付き合ってあげるから少し援助して」と言いました。

私はすぐに所轄の警察署へと車を走らせました。その駐車場で彼女に、もし、警察に渡され、補導されるのが嫌だったら、家まで送るから、自分の家を教えるように言いました。すると、「やっぱ警察か。捕《つか》まえるなら捕まえればいい。何も悪いことはしてないんだから」と、私に怒鳴ってきました。

私が「君を、別に警察にわたす気はないが、ともかく、君のやっていることを見過ごすわけにはいかないんだ。ご両親とも話したいし」と言うと、「なんで私だけ？さっきだって他にいっぱい援助やってる子がいたのに。それに親と話したってむだだよ。親は親で楽しんでるんだから。私のことは放任」と、私にくってかかりました。そして、私が話をしようとすると、「うざったいんだよ。帰るよ」と言って、車から降り、走り去りました。

もう一度彼女と会うまでに、長い期間はかかりませんでした。私がその一週間後、夜回りの後、警察署に立ち寄ると、彼女は補導されていました。私が知り合いの警察官に、「彼女、どうしたの」と聞くと、警察官は「援助、援助、常習だよ。今回は家裁」と、吐き捨てるように言いました。彼は、彼女はこれまでにも数回補導されており、そのうちの何回かは、「援助交際（買春される）」で補導されているということを教えてくれました。

　私が彼女の座っている長椅子《ながいす》の側に近づくと、彼女は「なんだ、おじさんか。私、運が悪いんだよね。先週がおじさんで、今週はマッポ」と、笑いながら言いました。そこで、彼女と私は朝まで話をしました。彼女は、私が何度も彼女のやっていることを責めても、まったく理解しませんでした。彼女が最後に言う言葉は、「私は誰にも迷惑はかけていない。なんで、文句を言われなければならないの」でした。彼女は朝方、引き取りに来た両親と帰っていきました。

　次に、彼女と会ったのは、何と薬物依存症の治療専門の病院でした。最初に彼女と会ってから一年が過ぎていました。私がその病院に入院している生徒の面会に訪れたところ、彼女は待合室に母親と座っていました。私がそばに近づき、挨拶をすると、「先生か、何でこんなところにいるの?」と話しかけてきました。私が、ここに入院している生徒の面会に来たことを伝え、「君こそ、何でこんなところにいるんだ」と尋《たず》ねると、彼女は「家で、ポケットに入れてたＳ（覚せい剤）が見つかっちゃって、ここに連れて来られちゃったんだ。遊びだし、深入りしたらやばいことは知ってるから、めったにやってない。病院なんて行かなくても大丈夫って言ったのに」と答えました。すぐに彼女の名前が呼ばれ、彼女は「じゃあね、先生」と私に手を振り、母親とともに診療室へと入っていきました。

私と彼女との関係はこれでは終わりませんでした。昨年、私が横浜でも有名な歓楽街を「夜回り」しているとき、偶然彼女と出会いました。彼女の姿は完全に「夜の世界」のもので、彼女の顔には覚せい剤乱用者、しかも相当ひどい依存症に陥《おちい》った者特有の陰《かげ》がありました。そして、姿そのものに「夜の世界」特有の荒れがありました。彼女も私に気づき、二人で深夜営業の喫茶店に入りました。

そこでの彼女の話は哀しみ以外の何ものでもありませんでした。「夜の街」で暴力団組員にナンパされ、覚せい剤につけ込まれ、そして、風俗に売られたことを寂しそうに話してくれました。そして、「先生、助けて……」と小さな声で言いました。

その後、彼女は私の関係する薬物依存症者のための施設に一時入所しました。しかし、そこから、つき合っていた暴力団員に連絡を取り、また戻ってしまいました。きっとまたいつか、もっと多くの哀しみを背負って、私の元に戻ってくるのでしょう。

虐待を父から受けながらも、夜の街で父を求めた少女

私は、今から七年ほど前、「夜回り」で知り合った一人のシンナー依存症の女子高校生に悪戦苦闘させられていました。その女子高校生が、「先生、この子を何とか助けてやって」と言って連れてきたのが彼女でした。彼女は顔色も悪く、目の回りには黒いくまができ、見るからに薬物依存症の姿でした。そして、私が彼女と初めて会ったとき、彼女の唇は腫《は》れ、目や頬には殴られた跡がくっきりと残っていました。彼女の話を聞いて、私は愕然《がくぜん》としました。

彼女は一人っ子で、父親は公務員でした。無類《むるい》の酒とギャンブル好きで、彼女の子ども時代の父親との思い出と言えば、競馬場や競艇場、競輪場に一緒に行ったことと、母親が父親に殴られ泣いている姿だけでした。母親は彼女が小学生の頃、家計を助けるためにスナックを開業しましたが、まもなく常連の一人と駆け落ちをしてしまいました。それ以降、彼女は父親と二人で生活していました。そして、彼女は中学一年生

の時、父親によって性的な暴行を受けました。それ以来、父親は酔って帰ってくると、彼女に暴行を加えました。彼女が抵抗すると、彼女を徹底的に殴りました。

彼女は中学校で非行グループに入り、そこでシンナーを覚えました。彼女は父親から受けた体や心の痛みをシンナーで癒《いや》しました。テレホンクラブに電話しては、中年の男性に体を売って、金を手に入れ、その金でシンナーを買い吸《きゅう》引《いん》しました。彼女は家でしかシンナーを吸わなかったため、警察には一度も捕《つか》まりませんでした。父親は彼女のシンナー吸引を止めなかったそうです。彼女に言わせれば、そのほうが抵抗しないからでした。このような状況が二年以上続きました。この間に、彼女は二度、父親との間にできた子どもを中絶しています。また、一度は家出をして、彼女を捨てた母親の新しい家庭を訪ねていきました。しかし、そこには居場所がなく、家に戻りました。

そして、彼女が中学を卒業するころ、父親は酒の飲み過ぎで肝臓を痛め、仕事を辞《や》めました。父親の収入が途絶《とだ》えたため、彼女は中学を卒業すると同時に、高校へは行かず、中学校で紹介してくれた仕出し弁当屋で働き始めました。それと同時に、夜は父親が見つけてきたスナックで働きました。そのスナックは父親の行きつけの店で、毎晩のように父親が飲みに来て、そして彼女のアルバイト代を前借りするため、彼女は給料を一度も手にしたことがありませんでした。そして、彼女の父親は以前にも増して暴力的になりました。気に入らないことがあれば彼女を殴り、蹴り、そして襲う。彼女は誰にも相談することができず、地獄のような日々を過ごしました。

そんな彼女が勤めていた仕出し弁当屋で知りあったのが、私の知り合いの女生徒でした。同じシンナー依存症だということがわかると、二人は本当に親しくなり、お互いの身の上を打ち明けあいました。そして、彼女は、女生徒が「いつでも家で何か嫌なことがあったら、私の家においでよ」と言った一言を信じて、父親から殴られた晩に家出をしました。そして、私との関係が始まったのでした。

私はすぐに児童相談所に連絡を取り、彼女を連れていきました。それと同時に、私は彼女に、父親のしたことは立派な犯罪であること、私も一人の人間として許すことができないことを伝え、警察に訴えることを勧《すす》めました。

こうして、彼女は児童相談所の保護下に入り、父親に関しては警察が動き始めました。彼女は児童相談所の職員たちの暖かい保護のもとで、一カ月間を過ごしました。彼女は施設に入っている子どもたちの面倒をよく見て、「お姉ちゃん、お姉ちゃん」

と慕《した》われました。私は彼女から、「先生、私、こんなにゆっくりと寝れたの初めて」と言われたとき、彼女のこれまでの日々を考えて、哀しくなりました。

彼女の父親は、警察での取り調べで、暴力をふるった事実は認めましたが、性的暴行に関しては否認を繰り返しました。警察から彼女に、告訴するようにという強い勧《すす》めがありましたが、結局、彼女は、父親がこれ以上自分に関わってこなければそれでいいと訴えませんでした。私としても、警察としても、非常に悔しかったのですが、被害者としての彼女の気持ちを尊重せざるを得ませんでした。

母親も児童相談所に呼ばれ、これまでの事実を知らされましたが、今の生活を壊すわけにはいかないし、彼女を引き取ることはできない、という姿勢を崩しませんでした。一カ月後、彼女は児童相談所の紹介で、寮を持つ大きな病院の看護助手として働くことになりました。そして、翌年には、私の勧める夜間高校へ入学し、いつかは看護師の資格を取ることを一つの目標としました。

それからの彼女は水を得た魚のように、よくがんばりました。シンナーからも足を洗い、昔の友人との関係はすべて断《た》って、新しい人生を生き始めました。私は、一週間に一度は彼女の休みの日に待ち合わせをし、食事をしながらいろいろな話をしました。ちょうど病院に勤め始めて一カ月たった頃、彼女が真っ青な顔で、私との待ち合わせ場所に来ました。心配になった私が尋《たず》ねると、「先生、今朝、私が面倒を見ていた患者さんが亡くなったんだ。それで今まで、霊安室でお祈りをしてきたんだ。私ね、患者さんの魂が天国に行けるように、霊安室の窓を少し開けてきてあげたんだ」と話してくれました。

こんな彼女に変化が見られたのは、勤めて半年ほどした頃でした。その頃から、彼女から私への電話の数が減ってきました。また、私が会おうと言っても、疲れているからと言って断わることが多くなりました。私はすぐに彼女の勤める病院の看護師長さんに電話を入れました。看護師長さんの話から、欠勤が増えているということを知り、私はその夜、彼女の寮を訪ねました。彼女は寮にはおらず、私は朝まで寮の入り口に車を止め、彼女の帰りを待ちました。

彼女は朝五時頃、どう見ても暴力団風の三〇代の男に車で送ってもらって戻ってきました。私を見ると、ばつの悪そうな顔をしました。そして、私の車の中で、二人で話をしました。彼女の口から、まずこんな言葉が出ました。「先生、私だって、遊びたいよ。私は親に捨てられた子だから遊んじゃいけないの？　みんな、私とタメ（同い年）の子たちは遊んでるよ。私だって、昼は一生懸命働いてんだから、ちょっとぐらいはめをはずしたっていいじゃん」。私が「そりゃ遊んだっていいさ。それどころか、遊ばなきゃ。でも、一五歳という年齢にふさわしくね」と言うと、「でも、私と一緒に働いてる人たちだって、ちゃんと遊んでるよ。私だけまじめでいろなんて、先生ひどいよ」と言い、泣き始めました。

落ち着かせて話を聞くと、彼女が病院の仲間と行ったカラオケスナックで、一人の男性と知り合ったこと、その男性は三七歳だけどとっても彼女に優しいこと、このごろはほとんど毎日、彼とデートをしてることを私に話してくれました。私がその男性と交際することは彼女の自由だけれども、今はまず、仕事をきちんとこなし、来年の夜間高校への入学、将来、看護師になることへの努力をすべきではないのか、と言いますと、彼女ははにかみながら、「でも、先生、彼、結婚しようって言ってくれてるんだ。いつでも彼のアパートに来ていいよって言ってくれてるんだ」と言いました。私は彼女の病院に出勤する時間が近づいたため、ともかく今日は病院で働き、その後、寮にすぐ戻るように伝え、その夜にもう一度話をすることにして、彼女を寮に帰しました。この日から、彼女は姿を消しました。

私は彼女を探しました。しかし、見つかりませんでした。私は彼女の彼氏の名前や居場所を聞いておかなかったことを悔やみました。そんな彼女から、私の知り合いの女生徒に連絡が入ったのは、一年ほど経ってからでした。彼女は病気になり、健康保険証を彼女から借りたくて、電話を寄こしたのでした。女生徒は、私が必死になって彼女を探していることを知っていたため、すぐに私に連絡をくれました。私は女生徒とともに待ち合わせ場所に行き、彼女と再会しました。彼女は私が来ることを覚悟していたようで、姿を消してからのことをぽつりぽつりと話し始めました。

彼女は、あれから三七歳の彼氏のアパートに転《ころ》がり込んだこと。その彼氏は「暴力団」で、覚せい剤の「ネタや」をしていたこと。最初はすごく優しくしてくれたこと。彼氏の紹介で風俗の仕事をすることになったこと。そこで病気をうつされたらしく、陰部からおりものが止まらず、出血も続いていることなどを下を向きながら話してくれました。

彼女が夏の暑い日にもかかわらず、長袖の服を着ているのを見て、私が「ポンプ(覚せい剤を静脈注射で乱用すること)もやってるんだね」と聞くと、こっくりとうなずきました。「先生は君を探したんだ。でも見つからなくて。彼と幸せでいてくれればと祈ってたんだけど。今でも、彼のこと好きなのかい」と聞くと、彼女は首を大きく横に振りました。そして、「でも、もう、私、こんなになっちゃって、行く場所もないし、もうだめだよ」と小さな声で悲しそうに言いました。「そんなことないよ。どうだい、もう一度先生とやり直してみないかい。まずは、その病気と覚せい剤依存症を治さなければ」と説得すると、「先生、本当にまだ面倒見てくれるの？　見捨てないでくれるの？　私、先生に黙って彼のところに行っちゃったから、きっと先生は怒ってて、相手にしてくれないと思ってた」と泣き始めました。

私はそのまま彼女を連れ、薬物治療の専門病院に行きました。事情を話し、緊急に入院をさせてもらうことになりました。その暴力団員の彼に関しては、彼女の強い願いもあり、手を出すことはしませんでした。

二カ月ほどが平穏《へいおん》に過ぎました。彼女は病気の治療も終わり、薬物依存に関しても、順調にプログラムをこなしていきました。生活に関しても、福祉事務所と病院関係者の努力で、一時生活保護が受けられるようになり、退院を待つばかりとなっていました。

しかし、また彼女は消えてしまいました。薬物依存者のミーティングで知りあった覚せい剤依存症の三〇代後半の男とともに。もうそれから、五年の月日が流れましたが、彼女からの便りはありません。ただ、彼女が幸せでいてくれることを願うだけです。

貧しいながら小さな家庭を築いた少女

今から五年前になりますが、私は私立の女子高校で養護教諭をしている友人から、一人の少女についての相談を受けました。彼女は、世間から見れば、非常に恵まれた環境で育ちました。彼女の父親は有名商社のエリート会社員であり、彼女が小さい頃から海外にたびたび単身赴任《ふにん》していました。母親も有名音楽大学を卒業した才媛《さいえん》で、ピアノを家で教えていました。姉が一人いましたが、優秀で名門の私立小学校に入学し、順調に有名大学まで進学していきました。勉強が苦手で成績が悪く、公立の小学校に入学した彼女は、子どもの頃からこの姉といつも比較されていたと言います。

高校受験でも、彼女は親の希望した高校へ入学できず、第二希望の高校へと進学しました。彼女はこの頃から、家に自分の居場所がないことを感じていました。たまに帰る父親も彼女と話すことは少なく、母親も、一度、彼女が家で暴《あば》れてからは、腫《は》れ物にでもさわるように、めったに彼女には話しかけなくなりました。

私立の女子高校入学後は、夜、友人と街をふらふらすることが増えました。何をするわけでもなく、ただ、街で声をかけてくる男の子たちと終電までとりとめもない話をする。最初のうちは、小言《こごと》を言っていた母親も、彼女が怒鳴るとすぐに彼女に家の鍵を持たせ、「お願いだから、外泊だけはしないで。お父さんに私が怒られるから」とだけ言って、放任しました。

彼女は高校一年の秋からは、ほとんど学校にも行かなくなりました。それでも、彼女は、当時ただ一人彼女を理解して相談にのってくれた養護教諭の待つ保健室には、週に一回は通っていたそうです。それ以外の日は、昼は家で眠り、夕方になると街に出る、そして、ナンパされるのを待ち、朝まで遊ぶ。このような生活を続けていました。そんな中で、彼女は、自称バンドのギタリストという二〇代の青年の恋人になりました。

私も何度も彼女と会い、何とか私の学校に転校しないかと説得しました。しかし、彼女は聞く耳を持ちませんでした。そして、高校を退学し、家を出て同棲《どうせい》しました。このときに、彼女の母親が言ったことばは、「もうあなたは私の家とは関係がない。何があっても一人でやりなさい。私もあなたを産《う》んだことは忘れるから」だったと言います。

彼との生活は最初は夢のようだったと言います。二人でアルバイトをして手に入れた金で、つつましいながらも楽しい日々を過ごしました。ところが、彼女が妊娠したころから、二人の関係がおかしくなりました。その時、彼女は一六歳でした。妊娠した彼女が子どもを産みたいこと、そのために彼に定職を持ってほしいことを訴えると、彼は機嫌《きげん》を悪くし、彼女に中絶するように何度も迫りました。このような中、彼女は出産直前までアルバイトをし、男の子を出産しました。出産には彼の母親が付き添ってくれましたが、彼は来ませんでした。そして、赤ん坊ができてから、彼はアパートに戻ることが少なくなり、友人の家を泊まり歩くようになりました。

赤ん坊のミルク代にも困った彼女は、赤ん坊を彼の母親のもとにあずけ、働き始めました。短い期間でお金を貯《た》めたくて、風俗の仕事に入りました。そこで、彼女は仕事仲間から勧《すす》められて、覚せい剤を覚えました。最初は、「疲れてるね。元気の出る薬だからジュースに混ぜて飲んでみたら」と言われ、勧められるままに、透明な結晶の粒をジュースに入れて飲んでいたと言います。

覚せい剤を使うと、赤ん坊に会えない悲しみや、仕事のつらさがすぐに飛んでいってしまう。これを求めて、彼女はどんどん深みにはまっていきました。この頃の彼女は月に数十万円を稼いでいましたが、多いときにはその半分以上の金を覚せい剤につぎ込んでいました。そんな状況の中でも、彼女は彼の母親に赤ん坊の養育費として、毎月二〇万円とおもちゃや洋服を送っていました。

しかし、一年もたたないうちに、覚せい剤による妄想《もうそう》や幻聴《げんちょう》が始まりました。彼女の異様な行動に気づいた店長によって、その店をクビになりました。それから、彼女はいくつかの風俗の店を渡り歩きました。そのうちの最後の店で、呼び込みとして働いていたのが、偶然にも私の元生徒でした。彼は中学時代から非常に暴力的な男でした。しかし、女性と弱い者に対しては、絶対に暴力をふるいませんでした。私とは二年間の付き合いでしたが、お互い気が合い、高校をやめてからも、月に一度程度は私に連絡を寄こしていました。

その彼が彼女を好きになりました。彼に言わせると、ぼろぼろの彼女を見ていられれなかったのだと言います。そして、仕事が休みの日に、私のところに彼女を連れてきました。私は彼女と会って本当にびっくりしました。人生とは本当におもしろく、世間とは本当に狭いものです。

私のところに来た彼女は、もう疲れ切っていました。一八歳という年齢は、彼女の姿やことばから感じることができませんでした。しかし、礼儀正しく言葉づかいも良く、私がふだん接している子たちとはまったく異なっていました。そして、子ども時代からの出来事を悲しそうな顔で話してくれました。

彼女には、人生に対する目標がありました。それは、どんなに貧しくてもいいから息子と一緒に暮らしたい、息子を幸せにしたい、という思いでした。これが、彼女の覚せい剤依存症からの脱出を助けました。私は彼女をすぐに病院に入院させましたが、二カ月の入院期間中、彼女は覚せい剤とよく戦いました。そして、中学校時代から吸い続けてきたタバコも止《や》めました。

彼女は私に、「先生は覚せい剤やっちゃだめだよ。だって先生は、タバコを止めたい、止めたいって言ってるけど、全然止めれないじゃない。そんな弱い意志しかなかったら、覚せい剤をやったらもう人間止めますかだよ」と、今でもよく言います。本当にその通りで、彼女のそのときの強い意志には敬服しました。息子への思いなのでしょうが、どんなに若くても母は強しです。そして、退院後、私の紹介で小さな運送会社に事務員として就職しました。

実はつい先頃、私は変わった結婚式に出席しました。小さなカラオケスナックを借り切って、わずか一二人の参加者での式でした。そこには彼女と私の教え子の彼と、二人の間に彼女の息子がいました。私にとって、今までに参加したどんな結婚式より素晴らしいものでした。

私の教え子は、彼女と知り合ってから生き方をまるで変え、今は大工の見習いとして真面目に働いています。プロポーズの言葉は「親子三人で幸せになろう」だったそうです。よくも、あのがさつな男がこんな言葉を口にできたものです。

私はこの結婚式の招待を受けたとき、彼女には何も言わず彼女の家に電話を入れました。そして、電話に出た母親に、彼女の結婚とその相手について話しました。しかし、結婚式には誰も来てくれませんでした。手紙一つ、電話一つ来ませんでした。この事実はまだ彼女には伝えていません。今の彼女なら、これに打ち克《か》つことができるでしょうが、とても心が重い事実です。

私はこのごろよく幸せとは何か考えます。私が関わる子どもたちは、ほとんどが不幸せな子どもたちです。しかも、家庭や学校によって不幸せにされた子どもたちです。しかし、どんな子どもたちも心から幸せを求めています。そして、多くの子どもたちが、それを手に入れることができず、あがけばあがくほどもっと不幸せになっていきます。

みなさんにお聞きしたい。彼女の育った家庭と、今、彼女が作った家庭と、どちらが幸せなのでしょう。彼女の育った家庭は、彼女を捨て、不幸にしました。彼女は今、息子を少しでも幸せにしようと貧しいながらもがんばっています。

第Ⅱ部

なぜ、子どもたちは哀しみの青春を…

第二次世界大戦後、これまで三回の少年犯罪多発期の宣言が、警察庁より出されています。そして、ついに二〇〇〇年のはじめの頃から、新聞紙上で、戦後第四回目の少年犯罪のピーク期に入ったという報道が始まったことに、多くの方は気づいていると思います。確かに、このところの少年非行や少年犯罪の多発は、現在を「第四次少年犯罪多発期」と呼ばざるを得ないところまできています。さまざまな異論もありますが、多分このままでは、近い将来、確実に、警察庁よりこの宣言が発せられることとなるでしょう。

この「第四次少年犯罪多発期」は、過去の三回の少年犯罪多発期と比べると、非常によくその特徴が見えてきます。まずは、過去の少年犯罪多発期をきちんと見ていくことを通して、今回の犯罪多発期の現状やその背景、原因を考えていきましょう。

戦後の混乱と貧しさの中で——第一次少年犯罪多発期

警察庁より、戦後最初の少年犯罪多発期の宣言が出されたのは、一九五一（昭和二六）年です。この戦後最初の「第一次少年犯罪多発期」は、『貧しさ』ゆえの少年犯罪多発期」と、この問題に関する専門家の間では呼ばれています。まず、この「第一次少年犯罪多発期」について見ていきましょう。

一九四五（昭和二〇）年、あの悲惨な戦争が日本の敗戦、連合国による占領という形で終わりを迎えたとき、日本の主要都市部は、戦争中のアメリカ軍機による空襲によって焼け野原でした。そして、この軍事施設・民間地域を問わない無差別爆撃によって、都市部を中心に多くの子どもたちが、彼らを育てはぐくむ家庭や親、また住まいを失いました。そして、「浮浪児《ふろうじ》」と呼ばれる状態で、都市部の荒れ果てた夜の街に放り出されました。彼らを救うべき大人たちも、敗戦の混乱の中で自らが生きることすら困難であり、このような子どもたちに手を差し伸べることができませんでした。一部の篤志家《とくしか》や宗教団体が彼らに手を差し伸べはしたものの、あまりに彼らの数は多すぎました。

この混乱の中で、青少年によるものばかりでなく、成人による犯罪も多発します。それは、生きていくために一日の糧《かて》を得るための窃盗《せっとう》や強盗という犯罪に始まり、明日を見失い自暴自棄《じぼうじき》になったことからの殺人事件や強姦事件の多発という形で現れました。

この時期、本来このような犯罪を予防し、それを取り締まるべき警察もその機能が麻痺《まひ》していました。戦後の闇《やみ》社会を現在に至るまで支配している暴力団が形成されたのもこの時期でした。彼らは、非行少年や犯罪を犯した青年をその組織に組み入れることで、急速にその勢力を伸ばしました。

私はこの時期の犯罪を犯してしまった子どもたちを責めることができません。社会が子どもたちを育て、守ることができなくなったとき、子どもたちはどのようにして生きていけばいいのでしょう。確かに、彼らの犯した罪は罪ですが、もしも、当時の日本社会が、親を失い、住むところさえ失ってしまった彼らに温かい手を差し伸べることができるだけの余裕を持っていたなら、彼らのほとんどは罪を犯すことなどなかったでしょう。もう二度と繰り返してはいけない、哀しい少年犯罪多発期です。

高度経済成長期の子どもたちの孤独――第二次少年犯罪多発期

戦後二度目の犯罪多発期の宣言が出されたのは、日本が名実ともに国際社会に復帰したことを、国を挙げて示威《じい》したあの東京オリンピックの年、一九六四（昭和三九）年でした。私はこの少年犯罪多発期を『『寂しさ』ゆえの少年犯罪多発期』と呼んでいます。

戦後、一九四七〜五〇年にかけて、日本は「第一次ベビーブーム」を迎えました。敗戦によって戦地から戻った復員《ふくいん》兵士と彼らを待っていた妻たちの間にたくさんの子どもたちが生まれました。この時期に生まれた子どもたち――いわゆる団塊《だんかい》の世代が、ちょうど中学生や高校生となったのが、まさにこの時期でした。

この時期を象徴するキーワードに「団地」があります。日本の都市部各地に団地が造られ、この団地で家族で生活することが文化的な理想の生活だとして、多くの労働者の夢となっていました。しかし、当時の安い賃金では、ほとんどの人にとって、生活を維持するためには、夫《おっと》ひとりの収入ではこの夢はかなわず、「共稼《ともかせ》ぎ」をすることが求められました。

この「共稼ぎ」の状況の中で「鍵《かぎ》っ子」が生まれました。「鍵っ子」たちは夕方、家に帰ると、朝に用意された冷たい夕食を、みそ汁を温《あたた》めて食べ、後はすることもなく、ただ親の帰りを待ちました。当時は、一般の家庭にはテレビはほぼ入ったものの、ゲーム機などはありません。また、日本の「核家族化」のはじまった時期であり、子どもたちに人生を語る祖母や祖父もいませんでした。

このような中、一部の若者や少年たちは家から外に出、同じ環境の仲間たちと夜遊びを始めました。この若者たち、少年たちがさまざまな非行や犯罪を犯したのが、この「第二次少年犯罪多発期」です。以上の理由から、この時期の少年非行や犯罪の発生は都市部に集中していました。

しかし、この時期に非行や犯罪に走ったほとんどの少年・若者は、それ以後の人生で更生《こうせい》しています。それは社会全体が高度経済成長期を迎え、それらの子どもたちにも、罪を償《つぐな》った後にきちんとした就労《しゅうろう》の場が与えられたことが大きな理由だと私は考えます。

過ぎ去った過去に「もしも……」と問うことは無意味ですが、反省を込めて言うならば、もしも、この時期に都市部の各地域に「鍵っ子」の少年たちが集《つど》い、その「寂しさ」を健全に過ごすことのできる場があったならば、防ぐことのできた少年犯罪多発期でした。

受験戦争が生んだ「落ちこぼれ」の怒り——第三次少年犯罪多発期

一九八三（昭和五八）年、「第三次少年犯罪多発期」の宣言が出されました。この少年犯罪多発期は、教育に携《たずさ》わる者には決して忘れてはならない汚点の年です。私はこの時期の少年犯罪多発期を『落ちこぼれ』ゆえの少年犯罪多発期」と呼んでいます。

この八三年は、戦後半世紀以上にわたる日本の教育の歴史の中で、最も学校での非行・犯罪が多発した年です。校内でのいじめ、暴力行為、器物損壊《きぶつそんかい》など、全国各地で学校が荒れた年でした。私はこのころすでに教員としての生活を始めていましたが、日々のこれらの報道に接し、暗澹《あんたん》となっていたことを覚えています。

日本は一九六〇年代の高度経済成長をへて、一九七三年の石油危機も乗り切り、経済成長の安定期に入りました。そして「一億総中流」と言われる時代を迎えました。この経済的な安定の中で多くの親たちが「教育ママ」「教育パパ」と化しました。現在に至る「塾産業」が日本社会に深く根をおろしたのもこの時期です。この時期、多くの親たちが我が子を少しでもいい学校に入れ、少しでもいい会社に就職をと血眼《ちまなこ》になりました。まさに「受験戦争」と呼ばれた状況です。

私たち教育に携わる者の間で、密《ひそ》かにささやかれている言葉があります。それは「七・五・三」という言葉です。これは、小学校教育の中できちんとすべての教科の内容を理解し修得できる児童は七割、中学校教育では五割、高等学校教育では三割に過ぎないという意味で用いられます。まさかと思われる方は、ぜひすべての教科・科目の問題集を開き、テストしてみてください。身をもって理解できるはずです。

本来、子どもは無限の多様な可能性を持った存在です。ある子は学校教育の知識を習得することに優れているでしょう。ある子は物を作る能力が優れているかもしれません。ある子は表現力……。人間をはかる物差《ものさ》しとして、学力や知識量はあくまで一つのものに過ぎません。それだけで子どもの能力や将来を判断することは大きな過《あやま》ちです。本来、親や教員の役目は、一人ひとりの子どもが持つそれぞれの可能性を発掘し伸ばすことにあります。ところが、親や教員が子どもをただ成績だけで、知識の習得量だけで判断し評価するならば、そこには「落ちこぼれ」が生まれてしまいます。

これらの「落ちこぼれ」にさせられた子どもたちが、学校内を中心に非行・犯罪を繰り広げたのが、この「第三次少年犯罪多発期」でした。

この時期に、最も荒れたのは中学二、三年生でした。多くの親たちは、中学二年生ぐらいまでは、「うちの子は、将来〇〇高校かな、東大かな」と、子どもに勝手に夢を持ちます。ところが、中学校二年ごろになると、自分の子どもの学校教育での能力が見えてきます。そして、あきらめると同時に、それまでの過保護から放任へと冷たく変わっていきます。

子どもたち自身も、受験中心・知識偏重《へんちょう》の学校の授業についていけなくなるのがこのころです。その子どもたちが家庭や学校で無視される中で、「自分はここにいる。見てくれ」という自己主張として、非行・犯罪を繰り広げたのがこの時期の特徴でした。彼らの服装は特徴的でした。男子は丈《たけ》の短い短ランと呼ばれる制服に、ボンタンと呼ばれた太いズボン。女子は長いスカート、左胸には「喧嘩上等《けんかじょうとう》」、右胸には「〇

○中学命」という刺繍《ししゅう》。あれは彼らなりの必死の自己表現でした。私は哀れさを今でも感じています。

学校は彼らに対して何をしたのでしょう。ちゃんと同じ目の高さで、彼らの想いを受け止めたのでしょうか。もし、あの時期にきちんとした対応ができていたなら、少年問題に関する状況は現在は全く違った様相を示していたと、私は確信しています。

しかし、残念ながら、当時、学校も社会も彼らを排除しました。その排除された子どもたちが自己主張の対象を、学校から社会に広げたときに組織されたのが、現在まで累々《るいるい》と続く暴走族です。まさにこの時期に暴走族の母体《ぼたい》が組織されました。

そして、今、私たちはついに、「第四次少年犯罪多発期」を迎えてしまいました。

そして今、多様化する犯罪傾向――第四次少年犯罪多発期

現在はまさに、「第四次少年犯罪多発期」のまっただ中です。ただし、異論もあります。少年犯罪件数で見たなら、絶対数は「第三次少年犯罪多発期」と比べて決して

増えていない。そうである以上、現在を「第四次少年犯罪多発期」と呼ぶことには問題があるという意見です。確かに、少年犯罪の絶対数は決して増えていません。しかし、日本では人口構成における少年人口が減り続けてきています。少年人口の減少と現在の少年犯罪数を相対的に見ていけば、確実に少年犯罪は増えていると言うべきです。しかも現在、全刑法犯の四〇％以上を少年犯罪が占めています。この意味でも、私は現在を「第四次少年犯罪多発期」と呼ぶべきであると考えています。

この「第四次少年犯罪多発期」の特徴は何でしょうか。私は以下の五点にあると考えています。

①窃盗《せっとう》などの軽犯罪の増加
②性非行・性犯罪の増加
③女子非行・女子犯罪の増加
④異常犯罪・凶悪犯罪の増加
⑤薬物乱用

そして、この五つの特徴が単独で、また複雑に絡《から》み合い重なり合って、私たちの前に現れています。それでは、この五つの特徴を一つひとつ見ていくことを通して、

「第四次少年犯罪多発期」の背景としての、私たちの生きる現代の日本社会が抱える問題とその原因、そして、その中で哀しみの青春を生きることになってしまった子どもたちについて考えていきましょう。

①少年による窃盗などの軽犯罪の増加

今回の「第四次少年犯罪多発期」の第一番目の特徴は、少年による窃盗《せっとう》などの軽犯罪の増加です。特に窃盗は、摘発されないものも含めれば、異常に増えています。私は、この背景には三つの理由があると考えています。

みなさんは「万引き」ということばと「窃盗」ということばをご存知だと思います。この「万引き」と「窃盗」は同じ意味なのでしょうか。それとも違う意味なのでしょうか。実は「万引き」は「窃盗」の通称です。刑法では、他者が所有権を持つものを盗むことは「窃盗」という罪名で表されています。「万引き」というのは単なる通称に過ぎません。

この「万引き」ということばには歴史があります。江戸時代、人のものを盗む「盗人」は自分たちが人のものを盗むことを「引く」と言いました。これは多分、このように言うことで、自身の罪の意識を軽くしようという思いがあったのだと私は考えます。当時の「盗人」の中で、最も尊敬されたのは「懐中引き《かいちゅうひき》」と呼ばれた「盗人」です。彼らは、道ですれ違いざまに相手の懐中から財布《さいふ》を掏摸《すり》とり、そして、九両九分以内の金を盗み、また財布を相手の懐中に戻したそうです。その理由は、江戸時代の刑法において、一〇両以上の金を盗めば死罪ということにあったようです。

また、この時代、「盗人」の中で最も下位に置かれたのは、「道中引き《どうちゅうひき》」あるいは「枕引き《まくらひき》」と呼ばれた「盗人」です。これは女性にしかできないのですが、男と一夜をともにして、夜半、男が寝ている間に枕の下に隠した財布を盗む行為を指しています。

そして、下位から二番目に、「盗人」の風上《かざかみ》にも置けないと軽蔑《けいべつ》されたのが「万引き」でした。当時は「よろずびき」と呼ばれました。これは、何でもかんでも手当たり次第に盗む行為をこう呼びました。現在は「窃盗」という犯罪行為の通称として、子どもたちの間でも、大人たちの間でも、ごく一般的に使われています。しかも悪いことに、子どもたちの間では、この「万引き」が「窃盗」とは異なる、非常に軽い「お遊び」としてとらえられています。一種のゲームであり、見つからなければ、戦《せん》利品《りひん》としての商品が手に入る。また見つかったとしても、謝《あやま》るかあるいはお金を払えばそれで済む。このように考えている子どもたちが、小学生から高校生まで増えています。これには、「万引き」ということばの軽さが一つ目の理由としてあると、私は考えます。

私の友人で、中学校の生徒指導を担当している教員が、自分の学校の中学三年生からアンケートを採《と》りました。それは、紙に「万引き」と「窃盗」の文字を書き、「万引き」には、たとえ親や兄弟のものでも人のものを盗むことという説明をつけ、「窃盗」のほうには何も説明をつけず、無記名でしたことのある場合は○をつけるというものでした。

私はその結果を聞いて愕然《がくぜん》としました。「万引き」に丸をつけた生徒は何と六三％におよび、その一方で「窃盗」に丸をつけた生徒はわずか二％でした。そして、この「窃盗」に○をつけた生徒は、警察によって補導《ほどう》・逮捕《たいほ》された経験を持つ生徒だけでした。まさにこの意識のずれが窃盗の増加の一つの原因であると、私は考えます。

二つ目の理由として、これは子どもだけの問題ではないのですが、大人まで含めて、規範意識《きはんいしき》が希薄《きはく》になっていることをあげることができます。たとえば、幼児期から、父親がスピード違反などの交通法規違反を、捕《つか》まらなければいいと繰り返すことを見て育った子どもはどうなるでしょう。人のものを盗っても捕まらなければいいと考えはしないでしょうか。今、私たちの社会で、きちんと正義や善を日々意識し、それを貫いて生きている大人がどれだけいるでしょう。

私が教員となった一九八〇年代に、生徒指導担当の教員の間でよく言われたことばがあります。それは「七対二対一」ということばです。これは「どんな荒れた学校でも、生徒の七割は何の問題もなく、特に教員が手をかけなくてもきちんと成長していく。それだけ日本の、家庭や地域、学校などの社会の教育力は優れている。しかし、一割の生徒は劣悪《れつあく》な家庭環境やそれまでの心の傷などで何らかの非行の芽をすでに持っている。二割の生徒はふらふらとしている。私たち生徒指導の教員は、まずはその二割の生徒をきちんと指導し、更生《こうせい》させ、一割の非行的要素を持つ生徒に対しては、児童相談所や福祉事務所、司法機関や警察と連携して、その更生にあたる」という意味で使われていました。

前にも書いたように、「第三次少年犯罪多発期」が宣言された一九八三年という年は、第二次大戦後、現在に至るまでの教育の歴史の中で、校内暴力や構内での器物損《きぶつそん》壊《かい》、対教員暴力が最も多発した年です。特に中学校においては、全国的に多くの事件が発生しました。このような中で、多くの心ある生徒指導担当の教員は、七割のまじめな生徒たちの存在を心の糧《かて》として、体を張って学校を守りました。この当時にも、窃盗、シンナーやガス吸引《きゅういん》などの薬物の問題は存在しましたが、それは特殊な問題であり、暴力団や暴走族と関係のある一割の生徒の中でしか発生しませんでした。

ところが、一九九〇年代後半からは、私たち生徒指導担当の教員の間では「三対四対三」ということばがささやかれ始めました。

これは、現在の私たちの社会が持つ教育力では、家庭や学校が特に手をかけなくても、きちんと育つ生徒は三割にすぎない。その一方で、もうすでに何らかの悪や非行に染まり、またその芽を持っている生徒は三割も存在し、その中間の四割の生徒は、どちらともつかずふらふらしており、何らかのきっかけで、どちらにもなりうるということを意味しています。

しかも、一部の、日本の教育や社会の現状を悲観的に考えている教員は、「三対七」とまで言っています。もう中間のふらふらしている四割は存在せず、七割が問題を持っているということです。

私も、多くの女子高校生や女子中学生たちが、あのルーズソックスにミニスカート、茶髪に化粧という姿で学校へと通う姿を見ると、このことばを否定できません。たかが服装ですが、あの姿には子どもたちの異性に対する関心の強さや、子どもたちが「学ぶ」ことから「遊ぶ」ことへと大切な青春の生き方の目標を変えていることが実感できます。しかし、私は彼らを責めようとは思いません。悪いのは、正しい人としての生き方を、きちんと実践をともなって彼らに示していない、私たち大人自身に、また私たちの社会全体にあると考えています。

三つ目の理由としては、ものを考えることのできない子どもたちが増えていることをあげることができます。先日、私は茨城県のはずれの村に講演に行きました。朝九時からの講演だったのですが、八時には会場の近くに着き、近くのコンビニエンスストアにコーヒーを買おうと入りました。そしたら、中では、二人の女子中学生が窃盗の真っ最中でした。一人がレジ側で壁を作り、もう一人が口紅やマニキュアを鞄に入れていました。

私はすぐそばに行き、小さい声で商品を戻すように言いました。すると、盗《と》っていたほうの少女が私に、「運悪いな、今日は。みんなやってることだろ。うざったいんだよな」と言いました。そして、私を押しのけて二人で外に出ようとしました。私は二人の腕を掴《つか》み、店の人を呼びました。私はこの子たちがちゃんと店の人に謝ることができたなら、そして商品をきちんと返したなら、少し説教でもして解放するつもりだったのですが、これでは話になりません。警察を呼ぶことを嫌がる店の人を説得し、警察に渡しました。

警察が来るまでの間じゅう、この二人の少女は、「捕《つか》まえるんなら、みんな捕まえろよ。私たちだけなんておかしい。みんなやってるのに……」とくってかかってきました。彼女たちの中には、みんながやっていることをしただけなんだから、何で悪いんだ、悪いとしても何で私たちだけを捕まえるんだという考えしかありませんでした。ここに、私は、自分の価値判断や行為の指標《しひょう》を善悪や正邪《せいじゃ》ではなく、他者の行動にあわせていく、今の典型的な子どもたちの姿を見ます。

昨年、私のもとに、ある母親からの相談がありました。都内の有名な私立の女子中学校に在籍する中学三年生の娘が、春休み以来、夜の渋谷にはまってしまい、無断外泊を繰り返し、挙《あ》げ句の果てに窃盗で警察に補導されてしまったというのです。私はすぐこの親子と会うことにしました。

その次の日に、この母親と女子中学生は私のところに来ました。母親の顔には、私がきっと娘を諭《さと》し、変えてくれるという期待感が溢《あふ》れていました。娘のほうはなんでこんなところに来なくちゃいけないのかという不満がありありと顔に表れていました。私は彼女を初めて見て愕然《がくぜん》としました。彼女の顔には、まさに覚せい剤乱用者特有の陰《かげ》があり、そして、彼女の動きや仕草《しぐさ》には「買春される」をしたことのある女の子特有の崩れがあったからです。

彼女に私が最初に言った言葉は、「悪いけど、君、クスリやってるね。それに売り（買春される）も……」でした。彼女は一瞬びくっとし、「私、やってないよ。友達はやってるけど……」と答えました。母親は「そんなことしてないわよね。去年は家族みんなでヨーロッパ一周をしたし、今年だってパパも一緒にパリに二週間もいたものね」と必死に確かめるように彼女に話しかけていました。しかし、彼女はただ一言、「てめえたちの自己満足だろう。楽しくも何ともなかったよ」と冷たく母親に言い返しました。それから三時間以上にわたって、私は彼女と母親と三人で話しあいました。そして、彼女も自分のことをきちんと話してくれました。

彼女の話はこうでした。彼女は中学二年まで、両親の言うとおり、まじめに勉強し、まじめに生きてきました。しかし、楽しいことは何もなかったというのです。そんな中で、彼女の周りにいる友人たちの、適当に親の言うことを聞いているふりをしながら、繁華街や夜の街で遊んでいる姿を見ていたら、今までの自分の生き方がばからしくなったそうです。そして、この春休み、友人に誘われるままに渋谷の街に遊びに行き、はまってしまったそうです。

最後には、常習的に窃盗していたことも、覚せい剤を街で出会った若者から勧《すす》められ乱用したことも、お金のために何度か「買春される」ことを繰り返したことも認めました。

それを聞いていた母親は、もう動揺して感情的になり、彼女に「何でそんなことをしたの……」と泣きながら何度も何度も繰り返し言いました。彼女は「今までいい子やってやったんだから、もういいでしょ。これからは自分の好きにするんだ。それに、みんながやってることをしてるだけなんだから……」と答えました。

私は彼女に、自分のやっていることがどのように問題のあることか、そのようなことを繰り返していけば、その行き着く先は何かをきちんと伝え、再度、私と会うことを約束させ帰しました。

まさに、このように「善」と「悪」、あるいは「していいこと」と「してはいけないこと」などの規範意識《きはんいしき》をまったく持っていない少年・少女や若者が、いま急増しています。彼らにとって、ある行為を行う場合の基準は、自分の周りにいるみんながやっているかどうかです。私には、これは当たり前のことに思えます。

今、日本の多くの子どもたちは、自分できちんとものを考えるゆとりを与えられずに育ってきます。家でも学校でも、「ああしなさい」「こうしなさい」という指示に従って、言われるままに「受け身」で生きています。これは遊びでも同様です。テレビにしてもゲームにしても、すべて「受け身」で、楽しまされているにすぎません。そこには、創造性も、自分で考えることも必要とされていません。

このように育てられた子どもたちも、当然のことながら、自分自身で考え、行動しなくてはならない時が来ます。そのとき彼らはどうするのでしょう。自分の力で考え、行動することのできない彼らはまわりを見渡します。そして、そのことが「善」であるか「悪」であるかを問うこともなく、まわりの仲間たちと同じことをしていきます。「万引き」「買春されること」「薬物乱用」など、ただ「みんながやっているから」というだけの理由で繰り返し、そして悪の道にはまっていきます。

子ども時代に自分自身で物事をきちんと考えることができるように育てられてこなかった彼らには、そのことが、社会や他者、両親にたいしてどれだけ迷惑をかけ、自分自身の人生をどのようにゆがめてしまうかを考えることができないのです。まさにここに、私は、現在の窃盗の急増、薬物乱用をはじめとする少年非行や犯罪、このところ続く「一七歳の凶行《きょうこう》」などの背景を見ます。

②性非行・性犯罪の増加

現在、少年による下着泥棒、幼児猥褻《ようじわいせつ》、のぞき、「買春される」などの性非行・性犯罪が急増しています。

私は性非行が急増していることは、当たり前のことのように思えます。私は数年前、あるテレビ局の番組のコメンテーターとして出演することになり、その中で、子どもたちが触れ、読んでいるさまざまな漫画雑誌を読まなくてはならないことになりました。小学校の低学年の児童たちが日常的に読んでいるものから、高校生たちが読んでいるものまで、日本で販売されている大半の漫画雑誌に目を通しました。そして二つの意味で愕然《がくぜん》としました。

一つは、日本の漫画の、当然すべてではありませんが、多くのものの、性に関する描写の危《あや》うさです。小学校低学年の生徒が読んでいるものですら、下着が見えたり胸が見えたりするカットが入っています。また、キスシーンも……。小学校高学年の児童の読んでいるものでは、一部に性描写が出てきます。ただし、下半身は枠外、胸は出てきます。これがたぶん、出版社の自己規制なのでしょう。

そして、中学生以上が読んでいるものでは、性描写そのものが下半身を含めて、ただしぼかしてはいますが出てきます。そして、その中で語られるのは、好きになったらキスをしてペッティングをして、そしてセックスをする。しかも、避妊や性感染症予防のためのコンドームの使用など全くと言っていいほど語られていません。このような本に、小学校低学年から触れて育った子どもたちは性をどう考えるのでしょうか。性を、単なる遊びの一種、あるいは男女間のごく普通の日常的愛情表現ととらえてしまうのではないでしょうか。

しかし、性とはそんなに軽いものなのでしょうか。私はそうは思いません。もっともっと大切にしなければならない、重いものと考えていますし、子どもたちにもそう理解してほしいと考えています。これは、私たち教員や親の心からの想いではないでしょうか。

もう一つ、私が愕然としたのは、これらの漫画の中に露骨《ろこつ》に女性蔑視《べっし》の考え方があることです。漫画の中で、多くの場合、男の子を好きになったら、男の子に言われたことを何でもハイと言って聞くのが、いい女。キスしたいと言われたら目をつぶって唇を差し出す。裸を見たいと言われたら、洋服を脱ぐ。セックスしたいと言われれば、セックスする。しかも、キスしても、裸になっても、セックスしても喜ぶ。このような女性が男にとってすばらしい、また愛される女性として描かれています。

現在はジェンダーフリーの時代と呼ばれつつあります。つまり、男女が性の差を超えて、同じ人間として互いに尊重しあい、家庭や職場、社会において助け合って生きていこうという時代です。このような時代に、このような考え方が公然と、子どもたちの間に広められていいのでしょうか。「男につくす女こそが、いい女」という古い男尊女卑《だんそんじょひ》の考え方が、子どもたちの中に漫画を通して広がっていくことに、私は恐怖を感じました。

それでは、このような事態に対抗すべき家庭や学校での性教育はいったいどうなっているのでしょうか。戦後、長い間、性教育は純潔《じゅんけつ》教育という形で行われてきました。子どもたちが生きていく社会には、確かにエッチなものや悪いものは存在する。しかし、そんなものは見ないで、美しいもの純粋なものだけを見て、すくすく育ちなさい、といった教育が、家庭でも学校でも行われてきました。いま現在ですら、このような教育を行っている家庭や学校は多く存在します。これでいいのでしょうか。私はそうは思いません。

現在のようにインターネットなどが普及した高度情報化社会において、情報にふたをすることが、また情報を制限することができるのでしょうか。今や多くの子どもたちは、いとも簡単にインターネットを行います。そして、そこで触れる情報の中には、エッチなもの悪いものが普通に存在します。これらを制限することなど不可能です。

不可能というのは言い過ぎかもしれません。完全なブロックをかけることは確かにできます。私が学校で使用している「ＹＹネット」と呼ばれる横浜市教育委員会が管理するネットワークは、ほぼ完全な形でこれらの有害な情報を制限しています。ただし、笑い話ですが、この「ＹＹネット」から私のホームページに入ることはできません。その理由は、私のホームページ上にさまざまな有害なことばが存在するからだと思います。もちろん、決して問題のあるようなものではないのですが……。また、私が情報を集めようとするほとんどの薬物関連のサイトにも入ることができません。これでは何の意味があるのでしょうか。

私は、むしろ今こそ、家庭や学校でしなければならないことは、有害なものを含めてさまざまな漫画やインターネットのホームページ、あるいは極端ですがアダルト的なビデオまでも、子どもたちとともに見、そして、親子・生徒・教員の間で、これらのどこに間違いがあるのか、そして、どこにどのような問題があるのかをともに考え、子どもたち自身がそれらの情報を有用なもの無用なもの、正しいもの間違ったものときちんと取捨選択《しゅしゃせんたく》できるように育てることではないかと考えています。

また、現在、教育の現場で主流となりつつあるもう一つの性教育があります。それは、青少年の性感染症予防や妊娠中絶の根絶のために避妊法を教えていく教育です。私には、この性教育の分野で第一人者とも言われる岩室紳也《いわむろしんや》氏という医師の友人がいます。彼は毎年、数多くの学校での生徒への講演を通して、性感染症予防や妊娠中絶の根絶のために身を粉《こ》にして活動しています。彼は私の数少ない友人であるとともに、私が尊敬する数少ない人間の一人です。私は、彼が必死に子どもたちに避妊法を教えている姿を見て、いつも非常に申しわけなく思っています。

確かに、現在のように性感染症が子どもたちの間に広まり、子どもたちの妊娠中絶が増えている現状では、それらの問題に対する最も即効性のある有効な対処法は、コンドームの使用などの避妊法を子どもたちにきちんと理解させることです。しかし本来は、この対処法の指導が必要ないように、私たち学校現場や家庭では、「男女の営《いとな》みとしての性とはどうあるべきなのか、愛と性とのあるべき関係、性を人生の中でどうとらえ、どう生きていくべきなのか」などをきちんと子どもたちに伝え、子どもたち自身が互いを尊重し、いたわり守り、時間をかけて愛を育て、性を大切にする心を育《はぐく》まなくてはならないのではないでしょうか。

岩室氏は、私たちがこの愛についての、また性についての本質的な教育を怠《おこた》ってきたことのつけを、医師という、妊娠中絶や性感染症になった子どもたちと直《じか》に接する最も哀しい現場で生きているがゆえに、自らの時間と体を犠牲にして講演を続けておられるのではないでしょうか。

また、私は性犯罪として考えていますが、「援助交際」などというとんでもない名前をつけられた「買春される」が異常に増えてきています。新聞報道でも明らかですが、女子高校生だけではなく、女子中学生の間にまで広がってきています。何度も述べたように、私は週に何回かは、「夜回り」と子どもたちに呼ばれている、深夜の街のパトロールを一一年間行ってきました。夜一一時ごろ街に出て、ピンクビラや立て看板を取り去りながら、女子中学生や女子高校生に家に帰るように指導し、終電が終われば、モテル街に立ち、中高年の男性とモテルに入ろうとする女子中学生や女子高校生を保護してきました。

今までに私がこのケースで保護した子どもは三〇〇人以上に及びます。みなさんは、彼女たちがなぜ体を買われるのか、考えたことがありますか。たぶん、ほとんどの人はお金のためと考えていることと思います。私も彼女たちから直《じか》に話を聞くまではそう思っていました。確かに、二回目、三回目の「買春される」からは、ほとんどの子どもたちがお金のためにと答えます。

しかし、一回目は違うと言うのです。私が関わった、買春された子どもたちの七〇％以上が、「優しくしてもらえたから」と答えています。私はこのことばを聞くたびに、体が震え、哀しくなるとともに、昼の世界で生きる親たちや教員たちに対して憎しみすら覚えます。買春される子どもたちの多くは、昼の世界を自分たちにとって疎《そ》外《がい》された住みにくい世界と考えています。そして、いつも叱られ自分を評価してもらえない辛く哀しい世界と考えています。そのため、夜の街で、彼女たちの体を狙《ねら》う中高年の男たちに、「君ってきれいだね。君って素敵だね。何か飲みたいものは？　食べたいものは？　どこか行きたいところは？　何かほしいものは……」と甘い言葉をかけられれば、そのことばに救いを求めてしまうのではないでしょうか。

私が日々ともに生きている非行や犯罪に染まってしまった子どもたちは、必ずと言っていいほど、「夜の世界はやさしい。でも、昼の世界はいつも叱られてばかりでおもしろくないし、また相手にされなくてつまらない」と言います。確かに、彼らの言い分は理解できます。彼らは、昼の世界では持てあまされた悪い子であり、親にしても教員にしても、彼らを更生《こうせい》させようとして、叱ります。その結果、彼らはますます昼の世界の居心地《いごこち》が悪くなり、夜の世界へと入っていきます。その一方で、夜の世界では、彼らは非常に便利な商品です。夜の世界の住人は、彼らを甘い言葉で誘い、彼らの手足として、あるいは金儲《もう》けのための商品として使おうとします。

夜の街をさまよう子どもたちや中高年の男たちの甘いことばにだまされ、買春されていく子どもたちに共通しているのは、異様な寂しさと自らに対する自信喪失です。そして、昼の世界で受けた傷の癒《いや》しを夜の世界に求めています。そして、ますます傷ついています。彼らの多くが家庭や学校で評価されず、邪魔者扱いされてきたと口にします。自信はどのようにしたら育つのでしょうか。私たち大人ですら、日々家族や上司から、「おまえはだめだ。おまえみたいなやつは使いものにならん」と存在を否定され続けたら、どうなってしまうのでしょう。

非行少年の更生に当たる専門家の間では、よくこう言われます。多くの愛で育った子ほど更生の道のりは短いし、非行の傷は浅い。本来、一人ひとりの子どもたちが持つすばらしいものを見いだし、それを自ら育て伸ばしていくことを助けることが、家庭や学校の大切な仕事であるのに、現在、多くの親や教員は、逆に子どもたちの悪いところを責め、つぶしてしまっているのではないでしょうか。

かつて、「子どもは十ほめて、一叱《しか》れ」という名言がありました。これを実践している親や教員はどのぐらいいるのでしょうか。子どもたちはそんなに悪いところしかないのでしょうか。そうでないことは、すべての大人がわかっていると思います。私は、買春に入る子どもたちをなくすことは、そんなに難しいことだとは思いません。子どもたちをきちんとほめてあげることで、自分への自信を持たせることができれば、すぐに防ぐことができると考えています。

また、この性非行・性犯罪には、もう一つ大きな問題があります。それは、子どもたちの間での性感染症の広がりです。クラミジア、ヘルペス、トリコモナス、淋病《りんびょう》、梅毒《ばいどく》などをはじめとしてＨＩＶまで、さまざまな性感染症が異常な勢いで子どもたちの間で広がっています。子どもたちの場合、何らかの性感染症の症状が出ても、それに対する知識がないことと、また親から健康保険証を借りるためには、その理由を親に言わなくてはなりませんから、それを嫌がり、治療が遅れてしまいます。その間にも、複数の錯綜《さくそう》した性関係の中でうつし合いをしてしまい、どんどん広がっていっています。そして、一方の子を病院に連れて行き、治療しても、もう一人が治療しないために再度感染を繰り返すケースもたくさんあります。私が関わった子どもの中には、細菌が子宮の中にまで入って増殖してしまい、一生残る障害を持ってしまった子どもも存在します。

ここでは、子どもたちの間での性の乱れについて書いてきましたが、実はこの問題は、子どもたちの間に限った問題ではありません。大人たちの間にも同様の問題は存在します。むしろこう言ったほうがいいのでしょうか。大人たちの性が乱れているからこそ、子どもたちはその犠牲にされ、またそのような狂った大人たちに染められているのだと……。

③女子非行・女子犯罪の増加

今回の「第四次少年犯罪多発期」の三つ目の特徴は、女子非行・女子犯罪の増加です。現在、全少年犯罪の約二五％が少女によるものです。これは、戦後の犯罪の歴史を見ても異常な事態です。またこの状況を、日本の歴史の中で女性が社会進出してきた結果だと評価する人もいないと思います。

私の経験から言って、男子と女子では、非行への進み方が明らかに異なります。男子の場合は、最初に必ず非行に入る兆候《ちょうこう》としてのサインがあります。これはほとんどの場合、反抗という形で現れてきます。なんだ、この子は急にいろいろなことに突っかかってくるなと思ったら、それはその子が非行への第一歩を踏み出したサインです。

そして少しずつ、しかし確実に崩れていきます。

たとえば、髪の色でも、一度に金髪にするのではなく、まず最初は少し色を付けてみて、周りの反応を見て、またより明るく染めていく。眉毛を細くするにしても、少しずつ周りを気にしながら細くしていきます。ですから、男子の場合、非行に入りそうになっていることもとらえやすく、その程度も、会話や格好からつかむことができます。そして、そのときの状況把握がしやすいために、比較的対処しやすいケースが多いと言えます。

しかし、女子の場合はまったく異なります。はじめに一挙に崩れます。髪の色でも、服装でも、言葉遣《づか》いでも、性でも、ある日突然、まったく違う人格となって生まれ変わってしまったように極端に変化し、その瞬間から、非行へと深く沈んでいきます。これは、男女の性質の違いからきているように、私には思えます。女子の場合は、我慢して我慢して、押さえて押さえて何とかいい子でいようとする。その我慢が長く大きければ大きいほど、押さえきれなくなったときの変化は大きく、一挙に崩れていく。私はそう考えています。

また、このように見ることもできます。女子の場合、男子より自己防衛本能が強く、非行への抑制となる壁、自分を大切にしたいという思いの作る壁が、男子の場合に比べて高く、簡単に非行へと入ることは少ないのですが、いったんその壁を越してしまうと、その次に待ち受けているのは、男子の場合のような、なだらかな下り坂ではなく、急な断崖絶壁《だんがいぜっぺき》で一挙に落ちるところまで落ちてしまう。

たとえば性についても、女子の場合、最初の第一回目の性行為は非常に抵抗感もあり、なかなか踏み出しにくいものですが、一度体験してしまうと、次からは一挙にその抵抗感が消えてしまいます。窃盗の場合でも、最初は誘われても、恐怖感や罪悪感を感じ、なかなか実際の行動にまでは進みにくいのですが、一度みんなでやってしまうと、次からはまるで遊び感覚で繰り返してしまう。

実は今、少女たちについて語ったことは、現在そのまま成人の女性に対しても当てはまります。いま急増し、大きな社会問題となっているのは、確かに少女たちの非行・犯罪ですが、成人女性の犯罪も確実に増加しています。

私は、このような少女による非行・犯罪を抑制することは、そんなに難しくないと考えています。それには、少女たちが持っている非行への壁をできるだけ高くしてやり、非行への第一歩のハードルを持ち上げてやればいいのです。言い換えれば、自分に自信を持たせ、自分をきちんと大切にできるよう育てればいいのです。

では、どうしたらこの自信は育つのでしょうか。私が親たちを対象とした講演会で、親たちに必ず言うことを書いてみます。この中に答えはあります。

「申しわけありませんが、お母さん方、みなさんをちょっと責めてみましょう。みなさんのほとんどの方は、子どもの母親であると同時に妻であると思います。もし、みなさんが夫から、一生懸命作った夕ご飯を、こんなもの食べられるか、俺《おれ》は外で食べてくる。本当にお前みたいな女と結婚して、俺は世界一不幸だと毎日言われ続けたら、どうなりますか。非行中年になりませんか。ところが、もし夫から、お前の作った夕ご飯は最高だよ。お前がいるから俺がいる。お前なしの人生なんて、星のない夜空みたいなものだと毎日言われたら、どうですか。ビールの一本も出したくなり、いい妻になろうとますます努力していくのではないですか。

みなさんの母親としての今のあり方は、このどちらの夫の姿なのでしょうか。もし最初の夫のように、子どもたちに日々小言《こごと》を繰り返し、叱《しか》ってばかりだとしたならば、子どもたちはその小言一つ一つによって非行へと追いやられています。しかし、もし後者の夫のように、日々子どもたちのいいところ、いい行いを見つけ、それをきちんと評価し誉《ほ》め続けていれば、確実に子どもたちは非行から遠ざかっていきます。子どもたちは、受けた愛の数が多ければ多いほど非行から遠ざかり、また非行に入ったとしても、その傷は浅いのです」

これは少女ばかりではないのですが、多くの子どもたちが、家庭や学校できちんと評価されないことから、自信を失い、そして自分を大切にできなくなっています。子どもたちには、そんなに悪いところしかないのでしょうか。そんなわけはありません。どんな子どもたちも、大人とは比べようもないほど、すばらしい優しさや素直さ、また明日への可能性の芽を持っています。それなのに、いま多くの親や教員たちはそれを育てるどころか、潰《つぶ》し摘《つ》んでいく。この点さえ変えることができれば、特に少女の非行・犯罪は激減すると、私は確信しています。

④異常犯罪・凶悪犯罪の増加

今、「一七歳問題」でよく話題になりますが、少年たちによる異常犯罪が増えています。みなさんも新聞などのマスコミを通じてよくご存知だと思います。また、心を痛めておられることと思います。

私はこの何年か、一七歳で大変な犯罪を犯してしまった一人の少年とともに生きてきました。彼の両親や彼から、彼の生育の歴史を聞いて哀しくなりました。彼はこのような子どもでした。

小学校の入学式の日、学校の校門の横にとてもきれいに桜が満開で咲いていたそうです。彼はその花の数を一つ、二つと数え始めたそうです。そしたら、すべてを数えたくなり、母親が何を言ってもそこから動こうとしなかったそうです。結局は、「なにのろのろしてるの」と、入学式会場に無理やり連れて行かれるのですが……。彼の小学校の入学式は涙でいっぱいだったそうです。

小学校の一年生になって、体育の時間にグラウンドに出ると、足下でアリさんたちが散歩をしていたそうです。彼はすぐ夢中になり、「アリさん、何を運んでいるんだろう、どこへ行くんだろう」とずっと観察、そこから離れることができず、先生に叱られ、授業に無理やり参加させられたそうです。私は、この子はすばらしい感性と才能を持った子どもだったんだと思っています。これをうまく育ててあげれば、それこそ日本を代表するような人間になることができたのではないかと……。

しかし、このような行動は、今の社会、特に学校社会では通用しませんし、ほとんどの場合許されません。そして、先生からも、問題児童として扱われ、同じクラスの子どもたちからも、「あんなのろのろしてる子とは一緒の班なんかになりたくない」と疎外《そがい》され、孤立していきます。そして、小学三年生から学校に通えなくなりました。「不通学」となってしまったのです。(私はいつも「不登校」ということばを使いません。

この登校・下校ということばには、何か学校が高いところにある偉い場所だというような、不快な響きを感じるからです。）

人間は一人で生きることはできません。彼はこの「不通学」から徐々に「引きこもり」状態に陥《おちい》っていきます。最初は学校には通えなかったけれど、両親とともに旅行に行ったり、買い物に出たりすることはできたそうです。しかし、小学六年生の時に本を買いに一人で出かけたとき、近くに住む同級生の一人に会い、彼から言われた「お前、学校毎日さぼって、いい身分だな」という一言が心に刺さり、まったく家から出ることができなくなりました。両親も最初は、何とか一歩でも外に連れ出そうと、「ゲームを買ってあげるから、好きな歌手のＣＤを買ってあげるから」と誘ったそうですが、それが逆効果になり、家で暴《あば》れ、特に母親にひどい暴力をふるうようになっていったそうです。苦しかったんだと思います。一人でいることの苦しみ、辛さを、最も愛する母親への暴力という形でしか表せなかった苦しみ、考えるだけで辛くなります。

そして、この孤立から来る不安が大変な犯罪という形で爆発したのが一七歳の時でした。実は、子どもたちの成長の流れの中で、この一七歳前後の時を「疾風《しっぷう》・怒濤《どとう》の時代」とか「第二の誕生期」と言います。つまり、子どもたちが、自身のアイデンティティーを形成する、最も不安定で混乱する時期だと言われています。その時に、彼は最悪の形で爆発してしまいました。

今、この「不通学」に陥ってしまう児童・生徒が確実に増え続けています。その一方で、文部科学省や各都道府県の教育委員会、現場の学校は何をしているのでしょうか。私は数年前に、当時の文部省の「無理をして学校に行かせなくてもいい」という内容の発言に哀しみを覚え、怒りすら感じました。小学校・中学校教育は義務教育です。親たちに、子どもに教育を受けさせる義務があると同時に、国にも、すべての子どもたちに教育を受けさせる義務があります。これは憲法違反ではないでしょうか。

私は本当はこう言うべきだったと考えます。すなわち、「無理をして、既存の小学校や中学校に行かなくてもいいけれど、こういう学校もあるよ。こういう場所もある。まずは自分の居場所をそれらの中から探してみよう」と。既存の学校とは違った、さまざまなタイプの学校や施設を用意し、子どもたちが他者とともに触れ合い生きることのできる場所を用意すべきだったと考えます。しかし現在に至るまで、そのような学校や施設はきわめてわずかしか作られていません。

小学校や中学校以外に、行く場所、学ぶ場所の用意もせずに、「学校に行かなくていい」と言うことは、その子どもを切り捨てて、「引きこもり」という状況に押しやっているこどのように私には思えます。

私はこの「不通学」「引きこもり」も解決できる問題だと考えています。私たちは現代社会で画一的な時間に支配されて生活しています。つまり、時計が刻む時間に従い、一日をその時間に追われて生活しています。ほとんどの大人の場合、これを当然として、その時間に追われながらも適応していますが、時間とは、すべての人間にとって同じ速さで進んでいくものなのでしょうか。

実は、私たちはこの時計が刻む客観的な時間（物理的時間とも呼ばれます）とは別に、一人ひとりが主観的時間（生理的時間と言ったほうがわかりやすいかもしれません）を持っています。みなさんは、叱られたり嫌なことがあったりしたとき、時の流れがとても遅く感じ、早くこんな状況から抜け出したいと考えたことはありませんか。その一方で、楽しく幸せで何かに夢中になったとき、ふと気づくと、何時間もの時間が過ぎていた。このような経験をしたことがありませんか。これが主観的時間です。

この主観的時間は、一人ひとりの人間のおかれた状況によっても速さが変わりますし、一人ひとりの人間によっても、また同じ人間でも、年齢によって成長によって異なります。子どもは子どもの時計を持っていますし、高齢者には高齢者の時計がありますゝ。時代の最先端を生きるビジネスマンには、さぞや秒針の速い時計があることでしょう。また、私のように、年や季節や時間の感覚を持つこともできず、はっと気づくと一年が過ぎていたり、季節が変わっていたりする、日々、年々をひたすら生き抜いている人もいるでしょう。

本来、家庭や学校では、この子どもたちが一人ひとり異なる、また年齢によって異なる主観的時間を尊重しながら、子どもたちを育てていかなくてはなりません。しかし、現実はどうでしょうか。家庭で親の時間を子どもに押しつけ、学校では、一人ひとりの子どもによって時間の流れの速さを変えず、画一的に共通の時間を押しつけているのではないでしょうか。

私は家庭や学校で、特に学校で、子どもたちを画一的に扱うのではなく、一人ひとりの子どもに応じて、子どもの目の高さで、子どもたち一人ひとりに合った時間の流れに合わせて生きる大人が増えれば、この問題に対する大きな解決の糸口となると確信しています。

実は、私が定時制高校の教員を続けている大きな理由の一つは、一人ひとりの子どもたちに合った時間の流れの設定がとてもしやすく、丁寧にゆとりを持って一人ひとりの子どもたちと触れ合うことができるからです。実際に、小・中学校時代に「不通学」だった多くの子どもたちが、定時制のゆったりとした時間の流れの中で学校に戻り、明日を求めて学んでいます。私にとって最も幸せな教育の現場です。

いま哀しいことに、日本各地で定時制高校が閉鎖され、その歴史に幕を閉じようとしています。私の勤務する横浜市でも、横浜市立の定時制高校は五校あったのですが、すでに今年までに四校が募集停止となり、一校が残るのみです。この背景には定時制高校が本来、中学校卒業後に就職した勤労青少年のために設立されたもので、今やそのような生徒はほとんど存在しないという理由があげられます。しかし、外国籍の生徒や中高年の方々の学びの場として、「不通学」や一度は怠学《たいがく》や非行によって高校をあきらめた子どもたちの最後の砦《とりで》としての定時制高校の存在意義は、現在の日本においてますます大きくなっています。ぜひ、政府や都道府県の関係者に再考をお願いしたいものです。

さて、少年による強盗・傷害・殺人などの凶悪犯罪の増加も、今回の「第四次少年犯罪多発期」の大きな特徴の一つです。私は先日、私の関わっている女子高校生から夜一二時過ぎに電話をもらいました。彼女の彼氏は横浜でも有名な暴走族の構成メンバーでした。この暴走族はその一週間前に、対立する他の暴走族からの襲撃を受け、何人かが手ひどく暴行されました。彼らが仕返しのために、私の学校近くの公園の駐車場に集合をしている、止めてほしいという電話でした。

私はすぐ車を飛ばして、その公園に行きました。公園にはすでに六〇人を超える暴走族の少年たちが、特攻服に身を包んで集合していました。私のことを知っている子も多く、すぐ私のところに近づくと、「先生、今回だけは止めないでくれ。あいつらが先に手を出したんだ。きちんと始末をつけないと、俺たちの面子《めんつ》が立たない」と何人かが口々に言いました。

私はそのとき、彼らの手にしているものを見て、哀しくなりました。彼らは金属バットや鉄パイプだけでなく、表面に釘《くぎ》を打ちつけた木製のバットすら用意していました。私が、「おい、そんなもので相手を殴ったら、殺すことになるよ。お前たち殺人犯になりたいのか？　まず、それで私をなぐってごらん。ほら、頭のここをなぐってごらん」と彼らに迫っていくと、彼らは私を無視してバイクに乗ろうとしました。私は

「ほら、ちょっとそのバットを貸してごらん」と言って、釘が打ち付けられたバットを一人の少年から奪い、それをかたわらのプラスチック製のベンチに思いっきりたたきつけました。当然、ベンチの座る部分はバラバラに壊れました。そして、彼らに「おい、これが人間の頭だったらどうなるんだ。考えてごらん」と言いました。そして、何とか彼らを納得させ、解散させました。

今、多くの子どもたちが、喧嘩をコンピューターゲームから学んでいます。ゲームでは当然、相手を一刻も早く倒すことが目的ですから、相手の急所を執拗《しつよう》に狙《ねら》っていきます。また、より強力な武器を手に入れ、それで相手を狙っていきます。しかし、コンピューターゲームでは、相手は何度でも生き返ってきますし、中途半端な攻撃などものともしません。しかし、実際の人間は弱い生き物です。この数年、私の周りで起こる暴行事件や傷害事件を見ても、思わぬ大きなけがや生涯残るような障害をともなう事件が増えています。私は、単純な見方かもしれませんが、この背景にこれらのコンピューターゲームの影響を見ます。

また、いま多くの子どもたちが身近での死の体験をしていません。かつて、日本の多くの家庭が大家族だった頃は、子どもたちをかわいがってくれた祖父や祖母の臨《りん》終《じゅう》に立ち会い、その死を見ることがありました。あんなに生き生きと愛してくれた祖父や祖母の体がどんどん冷たくなり青くなっていく。それを家族や親戚《しんせき》みんなで悲しみ、葬式が終われば、火葬場に行って、変わり果てた祖父や祖母の骨を拾う。このような死の体験をほとんどの子どもたちがしていました。そして、この体験の中から、死への畏《おそ》れや命の大切さを直《じか》に、また強烈に学んでいました。

しかし、核家族化が進んだ現在、このような貴重な体験を持たない子どもたちが増えています。また、一部の親は残酷だと、葬式はともかくとして、火葬場には子どもを連れて行きません。私は、葬式というのは確かに亡くなった方への大切な別れの儀式ですが、それとともに、亡くなった方が生きている人たちへ、特に子どもたちへ、命の大切さ、かけがえのなさを伝えてくれる大切な儀式でもあると考えています。

このように、実際の死を知らない子どもたちは、ゲームなどのバーチャルリアリティー（仮想現実）の世界で、死をより軽いものとして学んでしまっています。私はここに、「第四次少年犯罪多発期」の大きな特徴の一つとして、少年による強盗・傷害・殺人などの凶悪犯罪が増加している一因を見ます。

⑤薬物乱用

一九九八年一月に政府から「第三次覚せい剤乱用期」に日本が突入したという宣言が出されてから、すでに五年の月日が経ちました。政府はこの「第三次覚せい剤乱用期」を、日本の存亡に関わる重要な問題ととらえ、すでに一九九七年には当時の総理府に「薬物乱用対策推進本部」を設置し、「薬物乱用防止五カ年戦略」を発表していました。

なぜ、そのように政府は迅速《じんそく》に動いたのでしょうか。それは、今回の薬物乱用の中心が、私たちの社会の明日を担う中高生を中心とする一〇代の子どもたちだったからです。専門家の間では、「大人の薬物乱用は〝点〟であり、さほど広がらない。しかし、子どもたちの薬物乱用は、子どもたちが常に集団で動く場合が多いため、〝面〟として『伝染病』のように広がるから怖い」とよく言われます。子どもたちの、あるグループの一人がシンナーや覚せい剤などの薬物乱用を始めると、あっという間にそのグループ全体が汚染されていきます。

私のもとに先日、一人の高校二年生の少女から相談が入りました。彼女は自分の高校で私の講演を聞き、泣きながらその日の夜、私の学校に電話をしてくれました。彼女は電話の向こうで泣きながら、話してくれました。彼女の彼氏は暴力団の構成員で、覚せい剤の売人だったそうです。彼女は夜の街で彼と知り合い、すぐに彼によって覚せい剤を教えられ、覚せい剤代のためにと「買春される」を強制されたそうです。

そのうちに、友人にも覚せい剤を勧《すす》めるように言われ、大切な友だち四人に勧め、彼女たちも今は、自分の覚せい剤代のために「買春される」をしているという内容でした。彼女は自分のしてしまったことに打ちのめされていました。

私は彼女たちを保護するとともに、警察に通報し、彼を逮捕してもらいました。彼女は今、自分のしてしまったことの重さに苦しんでいます。このように、若者たちの間では、あっという間に薬物は広がっていきます。

それでは、政府はこの問題に対してどのように動いたのでしょう。これは「薬物乱用防止五カ年戦略」を見れば明らかです。その「目標一」には「中・高校生を中心に薬物乱用の危険性を啓発し、青少年の薬物乱用傾向を阻止する」が掲げられています。決して、密売や密輸を根絶することによって薬物乱用を阻止する、ではありません。これは、何を意味するのでしょうか。日本が「薬物を乱用できない社会」から、欧米型の「薬物をいつでも手に入れ乱用できる社会」へと移行してしまいつつあることを意味しています。つまり、私たちの大切な生徒たちの何割かが人生の中で薬物と出会ってしまう社会になってしまったということです。

現在、私たち専門家の間では、いま一〇代の子どもたちの五割は、これからの人生で、身近に薬物について見聞きし、四人に一人は薬物の使用を誘われるだろうと言われています。私も身近な子どもたちからの情報をもとに考えて、この数字は妥当《だとう》なものだと考えています。

それにもかかわらず、多くの人の意識の中では、薬物問題は各関係取締機関がきちんと密輪や密売を取り締まるべき問題で、自分たちの問題ではないと考えられています。しかし、現状ではこれは不可能です。もうすでに日本には、専門家による推定で一年間に四〇～七〇トン、末端《まったん》価格で八〇〇〇億円から一兆四〇〇〇億円相当の覚せい剤が、日々絶え間なく密輪入されています。そして、子どもたちのごく身近にいくらでも密売されています。

私は、私の住む神奈川県の主要な駅周辺でも、また講演で訪れた地方都市でも、必ず「夜回り」、つまり深夜のパトロールを行います。そして、子どもたちと話をしますが、必ずと言っていいほど、彼らの多くが覚せい剤の入手方法や入手できる場所を知っています。それとともに、薬物を乱用する友人がいると話してくれます。そうである以上、関係機関にはさらに取り締まりに努力してもらうとして、教育の現場でも、子どもたちに薬物の本当の姿を知らせ、誘われても自らそれを断ることのできる子どもを育てることが急務です。

私は、今回の「第四次少年犯罪多発期」の五つの問題の中で、この薬物乱用が最も重大な問題であると考えています。それは、薬物の乱用はその薬物がどんなものであれ、一回一回の乱用が乱用する者の脳や神経細胞に直接作用し、そして一生治癒《ちゆ》することのない傷を残すからです。脳や神経細胞は一度壊れてしまえば、まず元に戻すことのできないものです。ここに、この問題の重大性があります。

私が三年前に関わった一人の中学三年生の女子生徒は、たった三カ月のシンナーの乱用とたった五回の覚せい剤の乱用で、大脳新皮質《だいのうしんひしつ》の八%が溶けてしまうという悲惨な状況になってしまいました。この少女は、残念ながら私の一五人目の亡くした子どもとなってしまいました。

私の経験から見て、一九九四年頃から、私の大切な子どもたちの間に覚せい剤や大《たい》麻《ま》が流れ込み始めました。彼ら、特に高校生は、薬物の密売を行う暴力団にとっては最高の顧客でした。なぜなら、高校生の制服を着た警察官などいるわけもなく、友人関係が横に広くつながる若者層は、黙っていても薬物を広めていってくれるからです。

今回の乱用期の特徴は、まさに中学生や高校生などの子どもたちへの覚せい剤や大麻などの薬物の蔓延《まんえん》です。今、私たちの社会にとって大切な多くの子どもたちが、薬物の甘い罠《わな》にはまり、その将来の可能性と未来を閉ざしていっています。このような現状にもかかわらず、家庭も学校も、言い換えれば社会全体も、問題意識が希薄《きはく》であり、きちんとした対応ができていません。

私の周りを見渡しても、大半の親たちや教員たちは、限られた一部地域の一部の子どもたちの問題であると考えています。それどころか、「寝た子を起こすな」という論理で、薬物についての正確な知識や現在の状態を語ることすら拒《こば》む人たちも存在します。「寝た子は必ず起きる」し、今や薬物について「寝た子はいない」にもかかわらずです。問題はどのようにしてきちんと起こしてやるか、そして、自ら薬物の乱用を拒否できる強い意志を育《はぐく》むかなのです。

今回の第三次覚せい剤乱用期は、私の体験から見て、現在までを三つの段階に分けることができます。

第一段階は一九九四年ごろに始まりました。この年はポケットベルが急速に高校生をはじめとする子どもたちの間に広まっていった時期です。当時、ポケットベルにメッセージを入れるためには、多額の電話料がかかりました。そのため、偽造テレホンカードが子どもたちの間で使用されるようになりました。当時、この偽造テレホンカードは繁華街や駅周辺で、西アジア系の不法滞在外国人によって、三枚一〇〇〇円程度で密売されていました。この外国人たちが偽造テレホンカードとともに覚せい剤や大麻《たいま》を売り始めました。そして、「やせ薬」「S」「スピード」などと名前を変えて、子どもたちの間へと薬物が流入していったのです。

第二段階は一九九六年頃から始まりました。薬物を覚えその魔力にとりつかれた子どもたちは、それを定期的に乱用するためには多額の金を必要としました。女子の場合は年齢を偽《いつわ》り、ファッションヘルスなどの風俗の仕事をして金を稼いだり、「援助交際」と称する「買春される」で金を手に入れました。実際に、この時期に神奈川県、静岡県、東京都など多くの都道府県では、このケースで多くの女子高生が警察によって摘発されています。

一方、このような手段で安易に多額の金を手に入れることのできない男子の場合は、自らが「売人」となっていきました。自らが小学校や中学校時代を過ごし居住している地域に戻り、後輩である中学生や仲間たちに薬物を売ったり、自らが通学する学校内で仲間へと薬物を売る「売人」となっていったのです。自らが乱用する薬物を手に入れるための金を入手するために。

こうして、薬物は地域社会や学校内へと広がっていきました。子どもたちの場合、薬物乱用は非常に伝染力の強い「伝染病」です。子どもたちは多くの場合、集団を作り、集団で行動します。そこに薬物が流入した場合、大人たちの場合とは異なり、あっという間にその集団の中で乱用が「伝染」していきます。

一九九六年四月に、神奈川県藤沢地区の県立高校生が、神奈川県警に大麻《たいま》取締法違反の容疑で逮捕されたことから始まった、神奈川県下の高校生たちの薬物乱用の摘発は、その後、横浜市、小田原市、横須賀市へと思いがけない広がりを見せ、新聞やテレビなどのマスコミにも報道され、大きな社会問題となりました。学校内での薬物の売買、学校のトイレでの使用、修学旅行中の使用とさまざまなショッキングな実態が報道されました。その後、七月に神奈川県警より、一応の捜査終了宣言が出されましたが、数十人に及ぶ高校生たちが鑑別所や少年院送致《そうち》、保護観察などの指導を家庭裁判所で受けました。

これも最初は、数人のグループが夜の街で外国人の「売人」から興味半分に購入した覚せい剤と大麻《たいま》、すなわちマリファナの魔の手に捕《つか》まり、その購入資金を手に入れるために、自ら「売人」となり、夜の街で遊ぶ別のグループに密売を繰り返していった結果でした。この事件では、多くの高校生たちが県警の捜査対象となりました。しかし、現行の法律では、薬物使用、所持の現行犯か、薬物の密売を行った者しか処罰できないため、逮捕者は数十人に留まりました。家庭裁判所に書類送検された高校生たちのほとんどが、単に薬物を乱用していただけでなく、それを友人に密売していたことを考えると、薬物を乱用していた高校生の数は相当な数に及びます。

第三段階は一九九七年の末頃から始まりました。地域社会の中で「売人」と化した高校生などの少年から、薬物乱用を教えられた中学生の一部が薬物乱用の常習者となり始めました。考えてみてください。薬物を手に入れるためには、いかに薬物が安価になったと言っても、一回当たり万単位の金を必要とします。当然、中学生の子どもを持つ親で、ねだられて気安く万単位の金額の金を渡す親はいないでしょう。

それでは、薬物常習者となった中学生たちは、どのようにして薬物を買うための金を手に入れるのでしょう。もうすでに何件か、高校生や中学生のグループが薬物を手に入れる金のために、窃盗や強盗などの犯罪を犯して逮捕されています。これは、今後さらに増加していくと、私は確信しています。しかも、必要とする金の金額がゲーム代や飲食代と比べれば多額なため、より凶悪な犯罪を誘発していくのではと、私は憂慮しています。

また、近年の薬物を乱用して警察によって検挙される中学生のほとんどは女子中学生です。これは何を意味しているのでしょう。今、「売人」となってしまった高校生や無職少年たちは、集中的に女子中学生たちを狙《ねら》って密売を繰り返しています。その理由は簡単です。私が関わった一六歳の「売人」をしているある少年は、「女子中学生は二倍儲《もう》かる。薬物を売って儲かり、薬物のためなら何でもするから、体を売らせて儲かる」という恐ろしいことばを吐いていました。

ここに書いた今回の汚染期の三つの段階は、あくまで都市部を中心とした地域の特徴的な流れをもとに区分したものです。最近、都市部の警察による摘発の強化から、多くの外国人の「売人」が都市周辺部や地方へと移動しており、現在、第一段階に入った地域も多く存在します。これらの「売人」をきちんと抑《おさ》え込まない限り、新たに薬物が子どもたちの間に広まり、また都市部では、彼らが都会の雑踏《ざっとう》の中に戻ることにより、再度第一段階に突入することを繰り返し、日本全国の子どもたちの間にどんどん薬物汚染が広がってしまいます。また、このところの、私のもとに全国各地から来る、薬物乱用についての相談件数や地域を見ても、すでに日本は、ほぼすべての地域が薬物に汚染されていますし、また猛烈にその汚染は拡大しています。

薬物は二つの顔を持っています。一つの顔は微笑《ほほえ》みかける〝天使の顔〟です。薬物はどのような種類のものであっても、人間に確実に快楽をもたらします。他者や家族・社会は私たちを裏切り、苦痛を与えることもあるけれど、薬物はその初期の試用の段階では絶対に裏切りません。ある種の薬物は陶酔《とうすい》感を、ある種の薬物は多幸《たこう》感や興奮をもたらします。そのため、一度使用してしまうと、その誘惑を断ち切ることはきわめて困難です。

薬物の二つ目の顔は無気味《ぶきみ》に笑う〝死神の顔〟です。薬物は人間を確実に破滅へと導きます。社会からはじき出し、友人や愛する家族を奪うだけでなく、それを乱用する人間の人間性を破壊し、その存在を精神的にも肉体的にも死へと追いやります。

若さから自らを見失い、現在の繁栄の陰で、さまざまな寂しさから刹那《せつな》的に生きる、今の多くの子どもたちにとって大切なものは、今この瞬間の快楽です。彼らのもとに薬物が入っていったらどうなるのでしょう。彼らが簡単に薬物を手に入れることができるようになったらどうなるのでしょう。家庭や学校で日々さまざまに抑圧されている彼らにとって、守るべきものはあまりにも少ないのです。彼らは薬物の一つ目の顔にのみ目を向け、容易《ようい》に薬物の乱用へと走っていくでしょう。薬物ほど簡単に、何の努力も必要とせず、瞬間の快楽を与えてくれるものはないのですから。

それでは、薬物について、もっと詳しく見ていきましょう。薬物というと、みなさんはシンナーや覚せい剤、マリファナなどの大麻《たいま》を思い浮かべるでしょう。しかし、薬物はもっともっと種類も多く、皆さんの周りに出回っています。

一般的に薬物と言った場合、「すべての依存性のある薬物」のことを意味します。たとえばガソリンもライターのガスも立派な薬物ですし、薬局で市販されるせき止めや風邪薬、痛み止めなどにも薬物と呼ばなければならないものがたくさん存在します。また、タバコやアルコールも、成人にはその使用が認められていますが、立派な薬物です。これらの薬物を乱用することは法律で厳しく禁止されており、乱用すれば、厳しく罰せられます。また、乱用を繰り返せば、どのような薬物でも、それなしでは生きることのできない依存症となります。そして、乱用を繰り返し、死を迎えることになってしまいます。

薬物は、その人間の体や脳への作用から、大きく三つに分けることができます。それは、抑制系（ダウナー系）、興奮系（アッパー系）、幻覚系（サイケデリック系）の三つです。

抑制作用をもたらす薬物には、アルコール、麻薬系薬物（すなわちアヘン、モルヒネ、ヘロインなど）、睡眠薬、シンナーなどの有機溶剤《ゆうきようざい》、ガスなどがあります。これらの抑制系の薬物は、それを乱用すると、人間の感覚や思考・行動の機能を低下させ、鈍《にぶ》らせます。このことから、乱用者たちからは、英語を使ってダウナー系とも言われています。また、痛みを感じなくなったり、乱用初期には、多幸《たこう》感や充足感、陶酔《とうすい》感をもたらします。

そのため、現実逃避《とうひ》の安易《あんい》な手段として、現実に問題を抱えて精神的にまいっている人ほど、この種の薬物に救いを求め、死への泥沼に入り込んでしまいます。

興奮系の薬物には、覚せい剤やコカイン、タバコなどが分類されます。この種の薬物は、その乱用によって、いわゆる「すきっとした感じ」や高揚感、万能感をもたらします。眠気を抑え、不眠症状態を作りだし、乱用初期には脳の働きも活発化します。このことから、この種の薬物はアッパー系と呼ばれることもあります。

幻覚系の薬物には、ＬＳＤ、シンナー、マリファナ、ラブドラッグなどと呼ばれているＭＤＭＡ（通称・エクスタシー）やＰＣＰなどが分類されます。これらの薬物は脳の一部の機能を麻痺《まひ》させ、感覚が鋭敏化し、さまざまな幻覚を乱用者にもたらします。しかし、脳への非常に強い作用を持ち、その乱用は精神異常を引き起こします。

あるとき、地方から、中学校二年生の息子を持つ父親が私の学校に訪ねてきました。彼は私と会うなり、「先生、見てください」と言って、肩の部分を見せてくれました。彼の肩の少し下の部分は、見事に歯でかみ切られていました。彼が「息子にやられました」とぽつりと言うのを聞いて、私が「ＬＳＤですね」と言うと、彼は大きくうなずき、彼の息子が音楽に興味を持ち、ライブハウスに出入りし、そこでＬＳＤに手を出し、現在、精神錯乱状態でいることを語ってくれました。彼の息子はその後、薬物関係の治療の専門病院に入院させましたが、結局は精神病院で一生を過ごすことになりました。残念ながら、回復の見込みはありません。

これらの三つの分類は、あくまでもそれらの薬物の乱用初期の作用から分類したもので、大量の乱用、長期の継続的な乱用によっては、抑制系のヘロインが幻覚を生み出したり、興奮系の覚せい剤が幻覚作用を持ったりと、さまざまな複合的な作用をもたらします。いずれの薬物にも共通するのは、私たちの大脳中枢《ちゅうすう》に直接作用して、私たちの意志とは無関係にさまざまな状態を作り出すということです。

それは、多幸感や陶酔感であったり、万能感や幻覚であったりしますが、いずれにしても強烈な快感を伴う快体験であり、乱用した人の心の不安感や痛みを忘れさせてくれます。ただし、それは最初だけで、後には死へのまっすぐな道があるだけです。

また、ほとんどの薬物は耐性《たいせい》というやっかいな性質を持っています。それは、乱用者がその薬物に慣れてしまうということです。つまり、乱用を繰り返していくと、それまでのように快体験を得るためには、さらに多くの薬物をさらに頻繁《ひんぱん》に乱用するしかなくなるのです。それとともに、薬物が切れた状態では不安や不快感でたまらなくなります。

こうして、薬物の乱用者は薬物なしでは生きることができなくなります。これが依存症の状態です。あらゆる薬物は、乱用すればこの依存症に陥《おちい》ります。こうして、乱用者は乱用を繰り返し、確実に廃人となるか、肉体的な死を迎えることとなります。
そこで最後に、現在、子どもたちによる乱用が最も問題となっている、有機溶剤《ゆうきようざい》・ガス・覚せい剤・大麻・市販薬について詳しく説明していきます。

❖有機溶剤

有機溶剤ということばは、みなさんには聞き慣れないかもしれません。シンナーとか、トルエン、ボンドなどと言えばわかってもらえると思います。これらは、よく「ガキのくすり」とか「アンパン」（これは、ビニール袋に入れて吸引するようすが、あんパンを食べる姿と似ているからです）などと呼ばれています。その名前の通り、一〇代の中学生や高校生に最も乱用されてきた薬物です。これは価格が非常に安く、手に入れやすいことが原因だと思います。特に暴走族の間では、日本中どこでも、ごく当たり前に出回っています。

これらの有機溶剤は、初期の乱用では、脳に直接作用し抑制作用を引き起こします。そして、多幸感や陶酔感を乱用者にもたらします。しかし、乱用を続けていくと、幻覚や幻聴《げんちょう》が始まります。そして、乱用している間は、反応が鈍くなり無気力になりますが、いったんシンナーが切れると、イライラし攻撃的になることもあります。

また、有機溶剤はその名の通り、油を溶かす性質を持っています。そのため、乱用は脳の萎縮《いしゅく》による精神障害や行動障害、肝《かん》機能の悪化を導きます。また、歯を溶《と》かし、骨までむしばんでいきます。

この有機溶剤については、ほとんどの専門家が、薬物の中で最も恐ろしいものの一つで、また回復させることの最も難しいものだと言います。その理由は、有機溶剤の一回一回の乱用が物理的に脳や神経細胞を溶かし、壊していくからです。

❖ガス

次に、ガスについて述べます。このガスとは、ガスライターの詰め替え用のガスボンベや、日常家庭で鍋料理を行う時に使う卓上コンロで使っているカートリッジ式のガスボンベのことです。これらは、液化天然《えきかてんねん》ガスやブタンなどが主成分で、このガス自体は決して薬物ではありません。

しかし、これらのガスをビニール袋に詰めて吸引《きゅういん》すると、一瞬で酸欠状態を作ることができます。その結果、脳に送られる酸素量が減り、脳の活動が急激に低下して抑制作用をもたらし、いわゆる「ラリる」状態となります。この状態を求めて、ガスを乱用する子どもたちがいます。彼らはこれを「ガスパン遊び」と呼んでいます。

これは非常に危険な遊びです。脳をその活動停止まで、すなわち死まであと一歩のところまでもっていき、「ラリる」状態となるのです。一つ間違えれば、死に至ります。また、脳へ酸素を短時間でも送るのを止めるのは、脳細胞の一部を破壊していくことになります。一回一回の「ガスパン遊び」が着実に乱用する者の脳を破壊していくのです。そして、人間にとって皮膚や筋肉などの細胞は再生されますが、脳や神経の細胞は一度壊れてしまうと二度と再生されることはありません。私の関わった一人の少女は、わずか数カ月のガスの乱用で視覚中枢が破壊され、ほとんど失明という状態になってしまいました。さらに、彼女は常に続く偏頭痛《へんずつう》に苦しんでいますが、これを治すことはだれにもできません。

また、狭い車の中やカラオケボックスで集団で乱用し、タバコの火から引火《いんか》し爆発によって大やけどをしたり、命を失うケースも出ています。

❖覚せい剤

覚せい剤というのは、メタンフェタミンの成分を含む薬物の法律上の総称です。今、子どもたちの間では「S」「スピード」「アイス」「ヤセ薬」などと呼ばれています。通常は結晶や粉の形で、パケと呼ばれる小さなビニール袋に入れて密売されます。しかし、このところでんぷんなどと混ぜて錠剤《じょうざい》にした覚せい剤も出回っています。

この覚せい剤は三拍子《びょうし》そろった薬物とよく言われます。それは、「飲んでよし」「吸ってよし」「打ってよし」とさまざまな乱用方法が取れることからきています。今、多くの子どもたちは「アブリ」と呼ばれる、覚せい剤をアルミホイルや試験管、ガラス製のパイプなどの中で熱して、その気化した煙を吸うかたちで乱用しています。

覚せい剤はその名前の通り、非常に強い覚醒《かくせい》作用と興奮作用を持ちます。ごく微量で大脳中枢をつよく刺激し、脳の働きを活性化させ、機敏性を向上させ、万能感をもたらします。そして、乱用者にとってはそれがたまらない快感となり、その快感を求めて乱用を繰り返すこととなってしまいます。また、覚せい剤は乱用すると胃を収縮させることから、一部の女子高校生の間では「ヤセ薬」だと思われています。

覚せい剤はごく微量でその効果があらわれ、肝臓などの内臓への影響がほとんどないため、長期にわたって乱用できることから、暴力団にとっては非常に「うまみ」のある商品であり、現在、暴力団の主要な資金源となっています。今、子どもたちに乱用されている覚せい剤のほとんどすべては、暴力団が外国から密輸入し密売しているものです。

現在、覚せい剤はエフェドリンという物質から作られています。日本ではこの覚せい剤の原料であるエフェドリンが厳しく管理されており、その密造はほとんど不可能です。そこで、日本の暴力団は、タイ、ラオス、カンボジア北部の国境地帯、ゴールデントライアングルと呼ばれる地域や、中国南部、台湾で密造された覚せい剤を密輸入して密売しています。また、近年、朝鮮半島北部からも大量の覚せい剤が密輸入されている事実が、次第に明らかになっています。

みなさんに忘れないでいてほしいのですが、覚せい剤の背後には必ず暴力団が存在します。それほど、覚せい剤の密売は利益の多い商売なのです。たとえば、みなさんが、何かものを買ったとしても、それで満足できれば、また繰り返しそれと同じものを買ったりはしないでしょう。しかし、覚せい剤の場合は、乱用すれば必ず強い精神的依存に陥ります。その結果、死ぬまで繰り返し買い続けることになるのです。こんなに、うまみのある商売があるでしょうか。そのため、最初の数回は覚せい剤を無料で配り、その後その子どもたちが覚せい剤なしではいられなくなると、値段を高くしていくというような売られ方もしています。また、覚せい剤の継続的乱用は特異な精神症状を引き起こします。乱用者は被害妄想《もうそう》や幻聴《げんちょう》、幻覚《げんかく》などから精神錯乱《さくらん》状態となることが多いのです。

先日、私は一人の高校二年生の少女に死なれるところでした。彼女は高校の友人から覚せい剤を勧《すす》められ乱用し、その七カ月後に幻聴に悩まされました。三日にわたって、耳の奥で、おばあさんの声で「死ね、死ね……」という声が鳴り続けたそうです。耳をかきむしっても、叩《たた》いても止まらない幻聴に、思いあまった彼女は、三日目の夜、父親の道具箱からドライバーを取り、それで耳を突きました。偶然にも、その強い痛みで中耳《ちゅうじ》までで突くことを止めたため、命だけは取り留めましたが、片方の耳の聴力は一生失いました。

❖大麻《たいま》

大麻は幻覚系の薬物として有名です。世界で最も乱用されている幻覚系薬物は大麻です。大麻はアサ科の一年草で、その花や葉の出す樹脂《じゅし》、葉そのものが薬物として用いられます。

その精製の仕方から、「ハッシッシ」「ガンジャ」「マリファナ」などに分かれますが、どれも効果は同じです。これは、タバコのように紙に巻いて喫煙したり、パイプを使ったりして乱用します。軽い抑制作用と幻覚作用があります。乱用すれば、多くの場合、時間・空間感覚が変化し、ふわっとした開放感を乱用者にもたらします。その一方で、注意力が低下し、忘れっぽくなり、思考がまとまらなくなります。精神依存性はありますが、身体依存性はないと言われています。しかし、私が関わった、大麻を習慣的に乱用した子どもたちのほとんどは、その後も気力の低下や集中力の低下で苦しんでいます。

オランダなど一部の国では、場所は限られていますが、マリファナの乱用を法的に認めているところもあります。これは、ヘロインやコカイン、覚せい剤などのヘビーな薬物がすでに子どもたちの間に蔓延《まんえん》してしまっており、それを抑える意味で、ライトな薬物としてのマリファナの乱用を認めざるを得なくなっているからです。けっして、マリファナに害がないと考えているからではありません。

子どもたちの間には、「マリファナは依存性がなく、タバコより安全だ」と考えている子どもが多くいます。しかし、これは完全に間違いです。マリファナも立派な薬物であり、脳の神経系に影響を与え壊していきます。また、人はいったん薬物で快楽を体験すると、さらに強い快楽を求めてしまう傾向があります。マリファナでこの程度なら、ＬＳＤでは、覚せい剤ではと、関心が広がっていきます。この意味で、マリファナは、タバコと同じように、他の薬物へのゲートウェイ（入口）ドラッグとなってしまうことの多い薬物です。

❖市販薬

身近な薬局で販売されている市販薬にも、薬物と呼ばれなくてはならない依存性を持つものがたくさんあります。痛み止めや風邪薬の多くは、一度に数十錠単位で服用すれば、いわゆる「ラリる」状態となります。手に入れやすいことから、多くの子どもたちが乱用しています。

先日、私が関わった二四歳の女性は、ある風邪薬を毎日四九錠、アルコールとともに乱用していました。その結果、二年後には依存症に陥り、それだけではなく、肝臓は薬物性肝炎《かんえん》、脳への影響から歩行障害を持つまでになってしまいました。今は薬物治療の専門病院で、後遺症と闘いながら回復を目指しています。

また、ある少年は一〇代前半からの咳《せき》止めの薬の大量乱用で、数年後には完全に精神が壊れ、今は精神病院で残る人生を過ごしています。回復の見込みはまずありません。

薬物の専門家の間では、混ぜものの多い薬物ほど危険だと言われます。この意味で、市販薬ほどいろいろな混ぜものが多く危険な薬物はないと言う専門家もいます。私も今まで関わってきた子どもたちのケースから見て、このことばに納得できます。

この「第三次覚せい剤乱用期」を収束《しゅうそく》させるには、どうしたらよいのでしょうか。一番簡単な方法は、当然のことながら、薬物の日本への密輸入をすべて摘発し、日本から薬物をなくすことです。しかし、これはたぶん不可能でしょう。そのためにはまず、日本中の暴力団を壊滅させる必要があります。それでは、私たちはどうしたらよいのでしょう。私たちにできることはないのでしょうか。

薬物の乱用は、私たちの社会の明日を支える子どもたちから、明日を奪っていきます。そして、現在、多くの子どもたちが無防備なままにこの薬物の魔の手に晒《さら》されています。このままにしておけば、子どもたちの未来を奪われるだけでなく、私たちの社会の明日そのものが損なわれていきます。私たちは今、何をすべきなのでしょうか。

私は、薬物についての正確な知識を子どもたちに与え、自らその乱用を拒否できる力を育てることこそ、今、私たちがしなくてはならないことだと考えます。「寝た子は起こすな」という論理で、下手に子どもたちに薬物についての知識を与えれば、かえって興味を持たせてしまうと考える人がいます。しかし、薬物についての煽《あお》り本(「薬物には安全なものや安全な使い方がある」などの誤った情報をのせ、その乱用を煽る本)や薬物についてのいい加減な情報をテレビや雑誌が広めている現在、子どもたちは薬物に関して眠り続けていることはできません。だからこそ、きちんと薬物について教えていくことが必要なのです。

しかし、哀しいことに、薬物についてきちんと子どもたちに語ることのできる大人は、現在の日本には、私を含めて数えるほどしかいません。この薬物についての専門家を、医療・司法・教育などの各分野で、きちんと養成していくことも、現在、私たちに求められていることです。

第Ⅲ部

さらば、哀しみの青春

私は第Ⅰ部の「哀しみの中の青春」で、今までに私が関わり、ともに生きてきた子どもたちについて書きました。どの子どものケースでも、私自身こうしていればもっと良い結果になったのではないか、という悔いがたくさん残っています。また、彼らにただの一人でもいいから、彼らを理解し、守る人がいてくれたならば、こうはならなかったという想いが強くあります。これは、今さらどうしようもないことですし、過ぎてしまった過去を取り戻すことはだれにもできません。

彼らは「夜の世界」に沈み、哀しみの青春を生きてしまいました。さらに一七人のかけがえのない子どもたちは、私が二度とともに生きることのできない彼岸《ひがん》へと旅立ってしまいました。その一人ひとりを思い出すたびに、言いようもない哀しみに襲われます。どの子も、生きていなくてはならない子どもでした。

また、私もすでに「夜の世界」に沈んでいます。私はあまりにも多くの子どもたちを傷つけすぎました。また、一七人のかけがえのない子どもたちを救えず、彼岸に送り込んでしまいました。他人の人生を勝手にいじった私には、もう「昼の世界」で生きる資格はありません。しかし、私はまだ、みなさん方が住んでいる「昼の世界」に足先だけかもしれませんが、少しは心と体を残しています。だからこそ、哀しみの

「夜の世界」に沈められた子どもたちの想いを、みなさんに伝える義務があります。

また、私は第Ⅱ部「なぜ、子どもたちは哀しみの青春を…」で、なぜ今、多くの子どもたちが本来そこで幸せに生きるべき「昼の世界」から離れ、さまざまな誘惑や悪の魔の手が潜《ひそ》む「夜の世界」へと、哀しみの世界へと沈み込んでいくのかを、戦後の少年犯罪の歴史をひもとくことから考えてみました。それとともに、いま私たちが生きているこの社会の抱える問題について考えてきました。

「昼の世界」で生きているみなさんは、ともすると、「夜の世界」で生きている子どもたちを、何か汚いもの、何か恐ろしいもの、何か落ちこぼれたものとして避け、嫌います。しかし、考えてみてください。子どもたちが好きこのんで「夜の世界」へと沈んでいくのでしょうか。彼らはみなさんの住む「昼の世界」からはじき出され、「夜の世界」へと沈まされたのではないでしょうか。「夜の世界」の子どもたちの哀しみは、まさにここにあります。

私は彼らの哀しみを無駄にしたくありません。また、彼らの哀しみをきちんと知ってほしい。そのためにと書いたのが、この本です。これから、私は、いま私とともに哀しみの中で生きている、また私の心の中でしか生きることのできなくなってしまった子どもたちに代わって、みなさんへのメッセージを書いていこうと思います。

　私や私とともに生きている子どもたちの多く、特に薬物依存症と闘っている子どもたちには、もうすでに「さらば、哀しみの青春」という文字は存在しません。一生、哀しみを背負って生きていくことしかできないでしょう。しかし、この本を読んでくださるみなさんは違います。ぜひ、私が書いた、書かざるを得なかった子どもたち一人ひとりの哀しみと、私の子どもたちからのメッセージを心で受け止めてやってください。そして、みなさんが生きている世界で、また、みなさんがそれぞれの方法で、ぜひ、この哀しみを私たちの生きるこの社会から、一つでも二つでもなくすことができるように、自ら動いてください。

まだ、「昼の世界」で生きている子どもたちへ

　まだ、「昼の世界」で、暖かい太陽の下、美しい花や草木、すばらしい鳥の声に囲まれて生きているみなさん、ぜひ、「夜の世界」を知ってください。まだ、「昼の世

界」で生きているうちに……。

私の住む「夜の世界」には自然の色がありません。また、自然の音もありません。あるのは、ぎらぎらと作られた空《むな》しい色と耳障《みみざわ》りな人工の音だけです。言い換えれば、「夜の世界」は作られた虚構《きょこう》、嘘《うそ》の世界です。見た目はいかに鮮やかであろうと、またいかに華やかであろうと、じっと見つめれば、その鮮やかさにはほころびと汚れがありますし、その華やかさを演じる人々の顔には陰《かげ》があります。

これはすぐわかります。家族で、午前三時から午前四時ごろ、自宅に最も近い歓楽街に社会見学に行ってみればいいのです。薄汚れた街並、ひどい悪臭、うごめく酔っぱらい……。これが「夜の街」の本当の姿です。確かに「夜の世界」は夕闇が迫るころから、午前零《れい》時近くまではネオンが輝き、明るい嬌声《きょうせい》が響き、表面上は何か魅力的なものに見えるかもしれません。しかし、それは虚構であり嘘です。うごめく欲望、からみつく悪意、うちのめされた涙、ここは哀しみの世界です。ぜひ、この事実をきちんと学んでください。

私が「夜の世界」を夜回りしていて、子どもたちからよく聞くことばがあります。「夜の世界は優しい。でも、昼の世界は怒られてばっかり、だれも相手をしてくれない。つまんない」

このことばです。すでに、このことばを言った時に、あるいはこう思った瞬間に、その子は「夜の世界」に一歩足を踏み入れてしまっています。「夜の世界」は、なぜそこに来る子どもたちに優しいのでしょうか。それは、子どもたちを利用できるからです。薬物を売り、言うことを聞かせ、体を売らせる……。だからこそ、「夜の世界」は子どもたちに優しいのです。「夜の世界」が最も恐れ、嫌うのは、太陽の光であり、人の正直さやまじめさです。

みなさんはどちらの世界で生きていきたいですか。明るい太陽の下で笑顔で生きていくのか、それとも、暗い闇の中でいつも周りを恐れ、びくびくしながら、震《ふる》えおののいて生きていくのか、どちらを選びますか。

「夜の世界」へと足を踏み入れてしまった子どもたちへ

私は君たちを叱《しか》ろうとは思いません。私は教員生活を二〇年以上過ごしてきましたが、今まで一度も生徒を叱ったことがありません。当然、殴ったこともありません。ただ、みなさんに一つだけお願いがあります。ぜひ、一度立ち止まってください。そして、この本を読んでいるみなさんは、完全には「夜の世界」に身をゆだねてはいないでしょうから、まだ片足を残している「昼の世界」を見回してください。

確かに、みなさんにとって「昼の世界」はがみがみうるさく、居心地《いごこち》の悪い場所かもしれません。そこでは、優しいことばもかけてもらえず、きちんと認めてももらえないでいるのかもしれません。あるいは無視され、嫌われているかもしれません。

でも、「昼の世界」は広いです。「夜の世界」は都市部の繁華街にパラパラと、しかも夜の限られた時間だけ点在しているだけか、あるいは、みなさんの先輩や友人、恋人の薄汚れ雑然とした部屋の中にあるだけですが、「昼の世界」は、この地球全体が「昼の世界」です。そこには数え切れないほどの人間が生きています。そして、そこには美しいものが溢《あふ》れています。花や木や鳥たち、そして、思いやりや優しさ……。

今、みなさんの周りには、みなさんを「昼の世界」で住みにくくしている、そんな大人しかいないかもしれません。ぜひ、一歩でもいいですから、足を踏み出し、この広い「昼の世界」のなかで、みなさんを理解し、評価し、育ててくれる大人を探してみてください。必ず見つかります。覚えておいてください。

世の中には、みなさんを利用し、汚し、悪の世界へと引きずり込もうとする悪い大人もたくさんいます。特に「夜の世界」で、みなさんに甘いことばをかけてくる大人は、まずすべてがこのタイプの悪い大人です。しかし、「昼の世界」で生きるほとんどすべての大人は、本当はみなさんのことを心配し、大切に思い、だからこそ、口うるさく叱るのです。そして、そっと自分を叱った人たちの瞳を見てください。そこには哀しみがあるはずです。みなさんを愛しているからこそ宿る哀しみが……。私はそう信じています。

子どもが「夜の世界」に足を踏み入れ、苦しんでいる人へ

私はこのところ、新聞の私についての記事や私が執筆した新聞・雑誌などの記事に必ず、自宅の電話番号とメールアドレスを連絡先として書いています。また、テレビやラジオに出演するときも、自宅の電話番号を教えるように言っています。これは、

一人でも多くの少年非行や少年犯罪の問題で悩んでいる子どもたちや親たちからの相談を直接受け、少しでも私が役に立つことができれば、という願いからです。

そして、新聞や雑誌、あるいはテレビに出れば、その翌日には、多いときで一〇〇本を超える、少ないときでも数十本の相談の電話が全国各地からかかってきます。そのほとんどは、「夜の世界」に足を踏み入れてしまった我が子についての親からの相談です。そして、どの電話からも、苦しみに打ちのめされ、疲れ果てた声が聞こえてきます。

私が親たちにまず話すことは、その問題で苦しむことと、自分たちの力だけで何とかしようとすることは止めようということです。もし、親の力だけで何とかできるものならば、そこまで苦しむ前に何とかなったはずです。むしろ、親が苦しみ、子どもとぶつかればぶつかるほど、子どもは「夜の世界」へと落ちていきます。また、親の苦しむようすを見れば見るほど、子どもは家に居づらくなり、「夜の世界」へと落ちていきます。

そして子どもに、私を含めてできるだけ多くの人との、特に「昼の世界」の大人との出会いを作ってあげるように言います。人は生き方を、人と人とのふれあいから多くを学びます。すばらしい大人たちとの出会いを作ることが、子どもたちの更生《こうせい》には最も重要です。

　また、子どもが非行に走ってしまうと、つい親は子どもの悪いところだけを見つけ、叱ります。ぜひ、子どものすばらしいところを毎日探し、そして誉《ほ》めてやってくださ い。自分に自信を持つことは、それだけでも十分に子どもたちを「昼の世界」に戻す大きな力となります。

　非行からの立ち直りには、親として非常に長く辛い日々を送ることになります。その中で、家族がばらばらになったり、あるいは親が子どもに手をかけてしまったケースも、私はたくさん見てきました。ぜひ、お願いです。まずは、ご夫婦が、そして残りの家族が日々を幸せに生きてください。非行に走った子どもに「あなたはあなた。私は私」と、きちんと自分で責任ある生き方をするように伝え、「嫌なことは嫌だ、許せないことは許せない」と伝えてください。それと同時に、残りの家族は精いっぱい幸せを求めてください。不幸な人間に他人を救う力はありません。まずは、残りの家族が幸せになり、それを見せることで生き方を考えさせてやってください。幸せは幸せを呼び寄せます。

「夜の世界」などまったく関係ない人へ

このところ私は、一人ひとりの人に「人間」を感じない時代が始まってしまったことを実感しています。たとえば、学校で仲間の教員と話していても、「学校としては……」「学年としては……」「教員としては……」など、所属する集団の一員としては、さまざまな意見を言ったり、質問に答えてくれたりしますが、いったん私が「あなたはどう考えているのですか」と問うと、答えてくれないケースが非常に多くなっています。

これは教育の世界に限らず、政治の世界でも、経済やマスコミの世界でも広がっていると、私は日々感じています。テレビを見ても、そこに出てくる著名な政治家や財界人や評論家は、「党としては……」「会社としては……」「国民は……」と、自らの意見をきちんと述べることなく、所属する集団の代弁者として無難な発言を繰り返しています。私はそのような発言を聞くたびに哀しくなります。そこには、自分では責任をとりたくないという身勝手なエゴを感じます。そして、私はここに、現在始まろうとしている、いやもうすでに始まってしまった「第四次少年犯罪多発期」の背景を見ます。

少し目線を変えてこの問題を考えてみます。司法の世界では、「裁きの場」には必ず、裁判官、弁護士、ときには検察官と、「人」が関わります。もし、「裁き」が過去の判例によってのみ行われるのであれば、現在のコンピューター時代において、「人」は必要ありません。ある事件をコンピューターに打ち込めば、瞬時にコンピューターが過去の判例を検索し、刑を決定する。このようなことは非常にたやすいことです。

しかし、「人」が直接関わり、最終的には、裁判官が自らの判断で刑を決定する。これはなぜでしょうか。ここには「人が人を裁くことの重さ」があります。すべての犯罪には、その犯罪という結果に至るまでの背景があります。裁判官は結果としての犯罪事実だけでなく、その背景や原因を一人の人間として判断し、人間としての良心にのみ従い、自己の責任において裁きます。実は、この裁判官の在り方こそ、本来私たち人間が生きるべき生き方を示しているのではないでしょうか。自己の良心で判断して、その決定にはきちんと責任を持つ、これが本来の人間の在り方なのではないでしょうか。

さて、今、私たち大人はきちんと一人の人間として、子どもたちと向き合っているでしょうか。夜、街を徘徊《はいかい》する子どもたちを見ても、「警察は何をしているんだ」「いったいあの子たちの親はどんな教育をしているのか、学校は……」と、自分に関わりのない問題として片づけてはいないでしょうか。そのような無責任な大人たちの中で、今、子どもたちは夜の街へ繰り出し、悪に触れ、そしてその犠牲となっています。その一方で、多くの子どもたちが非行・犯罪に手を染め、「第四次少年犯罪多発期」がついに始まってしまいました。

また、子どもたちが求めているのはだれでしょうか。一般論を語る親でしょうか、それとも教員、大人でしょうか。違います。子どもたちが求めているのは、自分の哀しみを受け止めてくれる、一緒に哀しみを分かち合ってくれる一人の大人なのです。空虚なことばや理屈で物事を片付けるのではなく、抱きしめ涙を流し、そばにいてくれる人を子どもたちは心から求めています。

ぜひ、みなさんにお願いがあります。週に一度でもいい、月に一度でも、いや一生に一度でもいいですから、夜の街に出てみてください。一人でも多くのお友達と誘い合わせて、近くの駅や繁華街など、子どもたちがたむろしているところへ行ってみてください。子どもたちのたむろする場所はすぐわかります。そこには必ず、空き缶や吸い殻、そしてつばのあとが氾濫《はんらん》しています。

そして、子どもたちのそばに立ってやってください。子どもたちを心配そうなまなざしで見つめながら、できたら、彼らに話しかけてやってください。優しいことばをかけてやってください。ことばが出ないようなら、それでもいいのです。見つめてやってください。哀しい顔をしてやってください。

みなさんが「夜の世界」に入ってくださることで、必ず子どもたちは「夜の世界」の嘘に気づいてくれます。また、自分がまだ、完全には「昼の世界」から見放されていないことを知ります。

もう一つお願いがあります。「夜の世界」に生きる子どもたちと出会った時に、「親は何をしているんだ」とか、「学校は、警察は……」などと、自分とは関係のないことのように考えないでください。子どもは私たち社会全体の宝物です。私たち社会で生きるすべての大人に、すべての子どもをきちんと育てていく義務があります。

ぜひ、自分に何ができるのかを考えてください。「夜の世界」でがむしゃらに社会や大人に背を向けて生きている子どもたちに、あなた自身の手で、暖かい「昼の世界」の光を与えてやってください。それぞれの場所で、それぞれのやり方で……。

子どもたちに「夜の世界」に代わる居場所を

今、かつては「点」として、私たちの社会に、また私たち大人に向かってきた非行の芽が、「面」として私たちに対峙《たいじ》してきています。しかも、さもそれらが、彼ら子どもたちの新しい文化であるようにです。私には彼らがこう言っているような気がします。

「先生、大人たちってまじめに生きてきたんだろ。でも、まじめに生きて何かいいことあったかい。大人たちを見てても、みんな疲れてつまらないなっていう顔をしてる。結局は今をどれだけ充実させて楽しく生きるかなんだよ、大事なのは。今がすべて……。大人になってからのことは、その時になったら考えるよ」

このことばに、多くの大人はきちんとことばを返すことができるのでしょうか。「大人になったらこんなにいいことがあるんだよ。まじめに生きれば必ず報われるんだよ」――こう言い切れる大人がどれだけいるのでしょうか。

今や「面」として、また一つのエセ文化として子どもたちに広がっている、この非行に対応していくには、私たち一人ひとりの力は小さすぎます。私たち大人の多くが、家庭や学校、職場や地域など多くの場で生き生きと活動し、まじめに生きることのすばらしさを丁寧に子どもたちに見せていくことが必要です。

今、私たちの社会はこのような子どもたちの間違った価値観に対して、少年法の改正などの罰則強化や教育基本法の改正などの管理強化で対応しようとしています。失うものの少ない子どもたちは、このような締め付け、力での対応には反抗と暴力で向かってきます。私はこのような時こそ、大人一人ひとりが自らの生き方を示すことで対応してほしいと考えています。それは、私たち大人が子どもたちに、自分たちの持つ、また生きている文化のすばらしさを示すことであると考えています。

私は今、哀しみの中にいます。そして、私の教員として生きてきた道をもう一度考え直しています。

数年前のことです。私は知り合いの教員たちから話があると呼び止められました。そして、彼らと話し合いました。話しにくそうにしていた彼らのうちの一人が、重い口を開いて言いました。

「水谷さん、少し考えてくれよ。水谷さんはいろいろな問題を抱えたり非行や薬物に走っている子を守り育てている。このことは、俺たちもすばらしいことだと思うし、先生のやっていることには頭が下がる。でもね、学校にはそうじゃない子だっているんだ。いやむしろ、そのような問題を抱えず、ただ日々を平和に生き、きちんと学んで将来に結びつけようとしている生徒のほうが多いんだ。言いたくはないけど、先生の守ろうとしている、守っている生徒たちは、このような子たちから見れば、怖くて迷惑な存在なんだ。先生が一人の暴走族の子を守ったせいで、このような子数人が学校に来られなくなっているとしたら、先生はどうするんだ。本当に考えてほしい。どちらの子が我々にとって大切な子なのか。どちらの子をまずは守らなくてはならないのか」

彼の言葉は私の心に重く深く刺さりました。私は彼に対する反論も、自分のしてきたことに対する言いわけもできませんでした。なぜならば、この問題は、私が生徒指導に関わってからずっと抱え続け、苦しみ続けてきた大きなジレンマだったからです。

かつて、一人の暴走族の頭（リーダー）をしている子どもを預かったことがあります。彼は、私と関係する他の子どもたちに対して、恐怖で自分を誇示し、特に弱い子どもたちを自分の回りに集めて手足のように使いながら、さまざまな悪さをしていた子どもでした。しかし、頭は切れ、私が彼を直接指導できるような「ぼろ」を出しませんでした。私は、私の関わっている子どもたちの中で起こるいじめや暴力、恐喝などの事件に彼が背後で何らかの形で関わっていることは承知していましたが、関係した子どもたちの口から彼の名前が出ることはなく、手出しができませんでした。

私は彼が高校二年の時に彼を預かったのですが、当時、自分の関わっていた子どもたちについては、もうすでに良好な人間関係が形成され、子どもたちの心をつかむことができ、彼一人の力ぐらい私と子どもたちの力で撥《は》ね返すことができるだろうとたかをくくっていました。しかし、現実は厳しいものでした。毎日が彼との戦いでした。

彼一人が加わったことで、私の周りの雰囲気はがらっと変わり、ぴりぴりしたものとなりました。私はほとんど毎日のように彼と会い、彼の突っ張った生き方がいかに他の子どもたちを威圧し、怯《おび》えさせているかを話しました。彼は、最初は私を無視し、そしてしばらく経つと喫茶店の中で会っても、いすを投げ、机を蹴飛ばし、私に向かってきました。彼の言い分はこうでした。

「怯えたり怖がるのはそいつらの勝手だ。俺《おれ》は何もしてねえじゃねえか。俺には俺の生き方がある。先生にガタガタ言われる筋合いはない」

そして、週に一回は他の子どもたちとトラブルを起こし、また、自分の通っている高校内でもたびたび事件を起こし、そのたびに教員の間では、退学させることが話し合われていました。そのたびに私は、「もう二度とこんなことはさせない。もう少し時間がほしい」と、担任の先生に電話をし、彼を守りました。

こんな彼が本当の意味で私の子どもたちの一員となるには、一学期間の月日が必要でした。ちょうど夏休みに、地域のサッカー大会がありました。それに、彼がチームを勝手に編成して参加しました。このメンバー集めはいじめと強制以外のなにものでもありませんでした。最も太っている、そしてそれを気にしている子どもに、「おいデブ、お前、ゴールキーパーやれ。その体なら立ってりゃいいんだ」、「てめえら、優勝できなかったらしめるぞ」……こんな風に他の子どもたちを仕切り、チームを作り、参加しました。そして、なんと社会人のチームを破り優勝しました。

この夜、私は学校近くのファミリーレストランで、子どもたちと祝勝会をやりました。私が彼に「一言《ひとこと》」とふると、彼の口から出たのは意外な言葉でした。参加した仲間のプレイを例に取り、「お前のあのプレイは良かった。あれがあの試合の鍵だった」などとほめ、感謝したのです。この日から、私の周りの子どもたちの雰囲気は変わりました。彼は私たちの完全な仲間となり、中心的な存在としてさまざまな場面で活躍してくれました。

もう高校を卒業して、数年の時が経ちましたが、この当時の私の関わった子どもたちは、いまだに年に何回か同窓会を開いています。彼は必ず参加します。彼は今、引っ越し専門の運送会社に正社員として勤め、まじめに生活しています。先日、私は彼の結婚式に招待され出席しました。当時の子どもたちもほとんど参加しました。私は彼の幸せなようすを複雑な気持ちで見つめていました。この彼の幸せの後ろには、多くの哀しみがあったことを私は知っているからです。私が当時関わっていた子どもたちの中で、三人の子どもは彼の存在に耐えきれず、私の元を去りました。私は今でも当時を思い出し、私の在り方が正しかったのか悩んでいますし、去っていった子どもたちに対して負い目を感じています。

　私がこの一一年間、常に集中的に関わってきたのは、このようなさまざまな非行や犯罪に関わった子どもたちでした。確かに彼らの多くは粗暴であり、突っ張り、周囲ににらみをきかせ、威圧することが彼らにとっての「美」でした。多くの他の子どもたちや彼らの学校の教員は、彼らのこの姿に眉をひそめ、一部の子どもたちは、また教員までも、彼らの威圧に耐えきれず学校を去っていきました。この去っていった子たちこそ、本来の学校教育や私の人間としての在り方において、最も大切にしなければならない子どもたちであることは、私にとっても否定しようがありません。

　私自身、決して私が関わっている子どもたちの、そのようなようすを放置していたわけではありません。彼らには常に、彼らの言動やそぶりがいかに他の子どもたちや社会の人にとって迷惑なものであるか言い続けてきましたし、彼らとそれ以外の子どもたちの間にできる限り立って、その融和ができないか動いてきました。しかし、私にも限界はありますし、四六時中目配《めくば》りもできません。また、学校には多くの教員がいます。きっと、彼らが私のいたらぬところのカバーをしてくれるだろうと甘えてもいました。

先日、私はある教員からの一言に胸を抉《えぐ》られました。

「あいつらも、いつまでも学校にしがみついていないで、社会に一度出て、社会ではそんなことでは通用しないということを身をもって知ってから、また、ここに戻ってくればいいんだ」

私にとっては無情なことばでした。私の関わってきた子たちは、ほとんどと言っていいほど、社会に出たがっています。もし、その社会が彼らを受け入れてくれるならば……。しかし、受け入れてくれる場がないから夜間高校に来ているのです。また、受け入れてくれる「昼の世界」がないからこそ、「夜の世界」に救いを求め、沈んでいくのです。

すべての子どもや若者、いや人間には、自分を暖かく迎えてくれ、そして認めてくれる「居場所」が必要です。しかし近年、特に若者や子どもたちにとっての「居場所」が、「昼の世界」でどんどんなくなっている気がします。かつて、この「居場所」は家庭と学校、それに地域社会でした。現在、この三つは一部の子たちにとって最もつまらない、また居心地の悪い「居場所」になってしまっています。そして、「夜の世界」を徘徊《はいかい》したり、暴走族へと入っていったりしています。

大人や社会は彼らを、自らのそばから、そして「昼の世界」からはじき出し、どんどん孤立化させています。そして、孤立化した彼らは自らを守るために、仲間を見つけ集団を作り、憎い社会に対して暴走や犯罪で対峙《たいじ》しています。また、仲間を見つけることが不幸にもできなかった子たちは、孤独という異常な状況の中で心を病んできています。私は、このところ続く一七歳の犯罪や、激化、凶悪化する暴走族や若者の集団の犯罪、「不通学」や「引きこもり」などの背景にも、この影を見ます。

今、大人たちは彼らに、「夜の世界」や暴走族に代わる「居場所」を提供することもないまま、管理と厳罰、そして排除で対応しています。これでいいのでしょうか。確かに、社会の抱える問題を、自分の家庭や学校で抱え込むことには無理があり、必ずひずみが出ます。その大きなひずみの一つが、きっと仲間の教員から言われたこの問題でしょう。何とかしたいし、何とかしなければならない問題であることはわかっています。しかし、私に何ができるのでしょうか。

この日、私は彼らの話を聞いた後で重い口を開き、一言だけいいました。

「ごめん。君たちの言うとおりだよ。でも、もう少し、もうちょっとでいいから時間がほしい。一人ひとりの私の関わっている子どもたちと話してみたい」

私には解決法は思いつきません。ただ、その日から毎日ていねいに一人ひとりの子どもと、この問題を話し合う機会を作っています。

最後になりますが、私が関わっているすべての子どもたちに、この本のタイトルである「さらば、哀しみの青春」と言うことのできる時が、一日も早く来ることを祈って筆をおきます。残念ながら、「夜の世界」に住み続けるしかない私には、このことばは許されませんが。

そして、この本は、私が亡くした一七人の子どもたちに捧げます。この本の中でも、何人かについては書きましたが、いつの日か、すべての子どもたちの永遠に癒《いや》されることのない哀しみを文字として残すことで、彼らの生きた事実をこの世界に刻《きざ》みたいと考えています。

おわりに

この本は、私にとって自著として五冊目、共著も合わせれば九冊目の本となります。そして、今までで私が最も苦しんで書いた本です。

一九九八年一一月に『さらば、哀しみのドラッグ』を出版したときから、青少年の薬物問題だけでなく、非行問題やその背景、原因について、きちんと子どもたちの側から書くことを考えていました。そして、私の大好きな、また大切な出版社である高文研には、『さらば、哀しみの青春』というタイトルで、次の本を早急に書きますと伝えました。

すでにそのころから、「夜の世界」に追いやられ、沈み込む子どもたちを一人でも減らすために、また一人でも多くの心ある大人が、今まさに「夜の世界」へと追い込まれ、沈み込まされている子どもたちを救うために動いてくれるように、「夜の世界」の本当の姿と、その世界に沈み込まされた子どもたちの哀しみをきちんと書き、多くの子どもたちや大人たちに知ってもらわなくてはならないと考えていました。

しかし、何度も執筆に入りながら挫折《ざせつ》し、四年にわたりまったく書くことができませんでした。それは、「夜の世界」に沈み込まされた子どもたちの哀しみがあまりにむごく辛く、それを文字にすることに、私自身、していいことなのかどうか自信が持てなかったためです。また、書いていくごとにわき上がる後悔と、あのときはこうできたのでは、こうしなければならなかったのではという自責《じせき》の念で、いつも筆が止まってしまいました。

このように苦しんでいる間にも、子どもたちを取り囲む環境や社会状況はさらに悪化し、日本各地の親や子どもたちから、私の元に数え切れないほどの救いを求めるメールや手紙、電話が来ましたし、現在も来ています。

私は昨年の一〇月一五日に、一人の一七歳の少女の死に立ち会いました。その少女の名は「愛」といいます。彼女が私とともに生きた日々はわずかに三年でした。薬物の魔の手から離れ、私とともに、私を助けて生きていくことを楽しみにし、日々を明日に向けて生きていた少女でした。ほぼ一〇カ月にわたる闘病生活のあと、苦しみの中で死んでいきました。もう二度と見たくない、もしこのようなことが私の前で再び起こるなら、私自身この世を捨てて消えていくだろうと思わせる、壮絶な死でした。私は、苦しみの中で私を必死に見つめる瞳の中に、彼女からの最後の願いを聞きました。「私のような子を一人も出さないように、先生、必ず何かをして。私の死を無駄にしないで」という願いでした。

そしてついに、私とともに生きている子どもたちに励まされ、私を取り囲み、支えてくれている人たちに勧《すす》められ、この本を書きはじめました。

この本は、それからわずか五日で書き上げたものです。この五日間は、私が私でない五日間でした。学校と講演に行く以外は部屋に閉じこもり、一睡もせずに書き上げました。書いていくごとに、私の元に亡くした子どもたちが戻ってきました。そして、私の背を押してくれる。亡くした子どもたちの哀しみを噛《か》みしめながら、その思い出とともに、彼らとともに書きました。

この本は哀しい本です。しかし、この本に書かれている哀しみは、今まさに日本で多くの子どもたちが直面している哀しみです。ぜひ、目を背《そむ》けることなく読んでほしいと思います。

おわりに

最後に、この本を出版するに当たり、私の数多くのわがままを通してくださった高文研のみなさんに感謝いたします。中でも、この本の編集にあたり、私からの自宅までの数え切れないほどの電話にていねいに対応してくださり、心を込めて編集してくださった、高文研の真鍋かおるさんには心から感謝いたします。

私はこの本を、私の大切な生徒であり子どもであった、私が一五番目に亡くした一七歳の少女「愛」に捧げます。

「愛」の想いがみなさんに届くことを祈って……。

二〇〇二年三月

水谷　修

水谷　修（みずたに・おさむ）
1956年、神奈川県横浜市生まれ。上智大学文学部哲学科を卒業。83年に横浜市立高校教諭となる。92年から同市立定時制高校に勤務、2004年９月に高校教諭を辞職。高校在職中から、青少年の非行問題、薬物問題に取り組み、「夜回り」と呼ばれる深夜の繁華街におけるパトロールを続けてきた。高校教諭辞職後も、全国の子どもたちから寄せられるメール・電話相談に答えながら、講演活動で全国各地をまわっている。
主な著書：『〔増補版〕さらば、哀しみのドラッグ』（高文研）、『ドラッグ世代［新装版］薬物汚染と闘う夜回り先生』（太陽企画出版）、『夜回り先生』『夜回り先生と夜眠れない子どもたち』『こどもたちへ』『夜回り先生のねがい』（サンクチュアリ出版）、『さよならが、いえなくて』『夜回り先生の卒業証書』『夜回り先生こころの授業』『あした笑顔になあれ』『あおぞらの星』『いいんだよ』（以上、日本評論社）ほか多数。

さらば、哀しみの青春

●二〇〇三年四月一五日――第一刷発行
●二〇〇八年一一月一一日――第一〇刷発行

著　者／水谷　修

発行所／株式会社 高文研
東京都千代田区猿楽町二－一－八
三恵ビル（〒一〇一＝〇〇六四）
電話　03＝3295＝3415
振替　00160＝6＝18956
http://www.koubunken.co.jp

組版／WEB D（ウェブディー）

印刷・製本／三省堂印刷株式会社

★万一、乱丁・落丁があったときは、送料当方負担でお取りかえいたします。

ISBN978-4-87498-303-4　C0037